泰西音楽逍遥

尾崎秀英

尾崎秀英さんのこと——まえがきに代えて

佐藤優

私にとって尾崎秀英さんはかけがえのない人です。今年一月六日の夕刻、『月刊日本』の坪内隆彦編集長から電話で尾崎さんが亡くなられたとの連絡を受けたとき、私は衝撃でしばらく言葉を発することができなかった。

尾崎さんは、『月刊日本』副編集長として、私の担当をしてくださった。そのような仕事の関係を離れて、私は尾崎さんとは肝胆相照らして話をすることができた。尾崎さんとは、哲学や倫理学の話をすることが多かった。「能ある鷹は爪を隠す」と言うが、尾崎さんは、外国語に類い稀な才能があった。ドイツ語にも堪能で、難解なハイデガーの『存在と時間』をドイツ語原文で丹念に読むとともに、批判的な対話をし、独自の存在論哲学を形成することに努力していた。西洋哲学だけでなく、インド仏教、日本思想にも通暁したほんものの知識人だ。

年齢は彼の方が若かったが、私は尊敬の念を込めていつも「尾崎先生」と呼んでいた。

尾崎さんと初めて率直な話をしたときのことを、今でも私ははっきりと覚えている。平成二〇年（二〇〇八）、奈良県吉野町で行なった勉強会の帰り道、東京駅の近くにある新丸の内ビル五階のドイツ・レストランでのことだった。私が、「あなたほどの能力のある人が、なぜ母校の東京大学大学院に進学して研究者になろうとしないのか」と尋ねると、尾崎さんは「無機質な研究室よりも、具体的な人間に関心がある」と答えた。尾崎さんは、若い人をたいせつにした。教育者として実に優れていた。

私は尾崎さんを編集者としてもとても信頼していた。いつも私の思想をよりよく表現するためにアドバイスしてくれる理想の編集者だった。私と尾崎さんの共同作業で生まれた事実上の合作が『超訳　小説日米戦争』（二〇一三年、K&Kプレス）だ。日本人が再び無謀な冒険に走らずに、日本国家と日本民族の名誉と尊厳を維持したいという思いを込めて、二人でこの本を作った。

何よりも、尾崎さんは温かい人だった。自分の傍にいる人に助けが必要な時、スッと手を差し伸べて、どうやったらその人が自立できるか考える人だった。尾崎さんの導きで、学問の喜びを知り、人生の正しい選択をした青年が何人もいる。

尾崎秀英さんは、私が信頼する友であり、尊敬すべき恩師であり、私の仕事を助けてくれる編集者だった。しかし、尾崎さんは道半ばで病に倒れ、帰らぬ人となってしまった。「退院したら一緒に存在論について徹底的に掘り下げた本を出しましょう」というお見舞いの時に交わした約束が果たせないことが残念でならない。

本書は、尾崎さんが『月刊日本』誌上で連載していた「泰西音楽逍遥」を中心にまとめた論集だ。思想をもっともよく表現できるのは音楽だと考えていた尾崎さんの、まさに命を懸けて書いたライフワークだ。この作品は、我々人間の存在の根底に迫るものだ。

死者は永遠に生きる。われわれの記憶の中にある尾崎さん、作品を通じて語り続ける尾崎さんは不滅だ。

本書を手に取る人が、永遠に生きる尾崎秀英さんと真摯な対話を続けることを願っている。

二〇一五年二月四日、曙橋（東京都新宿区）の自宅にて

撮影／江森康之

尾崎秀英（1974－2015）

1974年2月27日　米国ニューヨーク生れ（同年9月帰国）
1992年　茨城県立土浦第一高等学校卒業
1997年　東京大学文学部思想文科学科（倫理学研究室）卒業
2001年　栄光ゼミナール・高校生英語クラス勤務
2007年　『月刊日本』（株式会社K&Kプレス）勤務
2015年1月6日　千葉大学医学部附属病院にて重症急性膵炎により永眠

目次

◎コンサートのための解説　60

◎尾崎秀英作曲「Trio for Three Violins」98

●「泰西音楽逍遥」は、尾崎秀英が副編集長を務めた『月刊日本』誌上に
二〇一二年三月号から二〇一四年二月号までの計二四回にわたり執筆した作品である。
なお、本文の体裁は『月刊日本』連載時のものをそのまま掲載した。
●また尾崎秀英はヴァイオリニストとしても活動し、
コンサートのための曲目解説を執筆していた。本書では、その一部を収録した。
※タイトル下部のコンサート概要は、確認できたもののみ記載した。

泰西音楽逍遥 1

ドビュッシー チェロ・ソナタ

本誌副編集長
尾崎秀英

1月22日、サントリーホールで水戸室内管弦楽団の東京公演が行われたが、会場には告知が掲示され、前半のプログラムでは予定されていた指揮者が登壇できないため、曲順を変えて、前半は指揮者なしで演奏するとの旨だった。

後半のプログラムが始まる前に、突然拍手が沸き起こり、観客が総立ちとなった。ついに指揮者が現れたかと思って舞台を見ても、舞台には演奏者は一人もいない。

拍手はますます大きくなり、人々の視線の先を追うと、何が起きたかのか理解できた。天皇皇后両陛下が御臨幸されたのだった。

日本人が西洋音楽を聞くとはどういうことだろうか。まして、西洋音楽を演奏するということとは。

おそらく、この問に真摯に向き合い、格闘してきたのが斎藤秀雄とその門下生たちである。もちろん、明治維新以来日本は西洋音楽を吸収してきたし、戦前には立派な交響楽団も有していた。だが極端に言えば、戦前の西洋音楽受容は明治維新以来の西洋化という国策による国家の保護下にあり、音楽家になることができれば、それが職業として成立した。

戦後の焼け野原の中、斎藤秀雄は「子供のための音楽教室」を開き、これが後に現在の桐朋音楽学園となる。もはや音楽家が職業になるかどうかも先行きが全く見えない中、斎藤は未来を担う子供たちの心に、音楽という種を植えつけた。この種が芽吹き、後先も顧みずに、やみがたい音楽への情熱が駆り立てるままに、多くの若者が世界へ旅立っていった。今では巨匠と呼ばれる小澤征爾氏もその一人である。

だが、その遍歴時代は順風満帆ではない。職業にありつけたとしても、常にあるのは、西洋音楽という、西洋の文化、風土、歴史の凝縮された

ものを日本人が演奏しても、それは所詮、文字通りの猿真似なのではないかというまなざしであり、自らの内心の葛藤である。

　これに対する解答は、ただひたすら、自らの音楽を掘り下げることでしか得られない。斎藤門下生にとっての音楽の原点は、斎藤秀雄の教えであった。彼らは斎藤没後、一同に会し、斎藤の教えを再確認し、次代へ継承するオーケストラを結成する。現在のサイトウ・キネン・オーケストラであり、その中核メンバーが集まって結成したのが水戸室内管弦楽団である。

クロード・ドビュッシー

「言葉が終わったところから音楽が始まる」とクロード・ドビュッシー（1862〜1918）は言った。サイトウ・キネン、あるいは水戸室内の音楽そのものが、日本人が西洋音楽を演奏することとはどういうことかを端的に示している。それは日本人を辞めることでもなく、得体のしれない「国際人」になることでもない。ましてや、いたずらに「日本人らしい演奏」をしたり、西洋音楽を演歌調に演奏することでもない。そのような選択を超えたところに、真の解答は鳴り響く。

　音楽には、その音楽が生まれた土着性もあるが、地域・時代を越えて人の心を打つ普遍性もある。風俗は違っても、苦しめば嘆き、嬉しければ笑うという心の動きに時代も国境もないからである。

　たとえば、19世紀から20世紀初頭のフランス人がどのような感性と世界観であったかを知るのに、フローベールやスタンダールの小説を読むのは参考程度になるかも知れないが、ストンと心に落ちるのは難い。だが、音楽ならば、言葉が決して到達できない人間の心の動きを鮮やかに示すことができる。そして心の動きそのものには、土着性も時代性もないのである。

　サントリーホールでの演奏会で、後半のプログラムでかけられたのはハイドンのチェロ協奏曲であった。

独奏は25歳の宮田大。斎藤秀雄の系譜で言えば第四世代目ほどの若者だが、この、比較的地味で退屈になりかねない曲を、深い叙情を湛えた艶やかな音色と完璧な技巧で演奏し、観客を呆然とさせた。

宮田氏は昨年、初のアルバム「First」をリリースしているが、そこで取り上げられているドビュッシーのチェロソナタについて少し書いておきたい。

虎は死して皮を残すが、フランスはワインと芸術を残した。意地悪に言えば、フランク王国、太陽王ルイ14世を頂点とするブルボン王朝の栄華、ナポレオンによるヨーロッパ征服というあまりにも偉大すぎる過去の栄光の残照の中で、国力の衰えたフランスは芸術の力で自らのアイデンティティーを維持せざるを得なかった（そしてワインを飲んで悪いことは忘れるのである）。

ベートーヴェン、ブラームス、ワーグナーという、宿敵ドイツの音楽が、その論理的とも言える音楽で西洋を席巻する中、フランス音楽界は国民音楽協会を結成するなどして、必死に、フランス的なるものを追い求めた。

ドイツの音楽が、ヘーゲルの弁証法を楽譜に引き写したかのような堅牢強固なソナタ形式、すなわち構造の力強さを発展させたの対し、フランス音楽界は、音一つ一つが持つニュアンスの魅力を極限まで拡大していく。印象主義、表現主義などと言われる所以である。

1915年、第一次大戦中、フランスがドイツと戦う中、ドビュッシーはかつてないほどフランス的な音楽に挑む。それは、6つのソナタを作曲することである。

ソナタと言えば、当時はドイツ的「ソナタ形式」、すなわち、第一主題と第二主題という対照的な旋律があり、これがヘーゲルの「テーゼ」と「アンチテーゼ」のように相克して、アウフヘーベン（止揚）されていくという音楽形式を指していた。

このドイツ的スタンダードに対し、「フランス的ソナタ」を、6つの楽器で作ることを企図したのである。

「音楽も、敵と戦う素晴らしい手段なんだ」とドビュッシー本人が述べている。

私はずっと同じ事を言い続けてきた。「一世紀半以上に渡って、われわれは自民族の音楽の伝統に対して不誠実のまま来てしまった」、と。ラモー以後、真に純粋なフランス音楽はなかったのだ。わが民族の名声が高まる現在、わが国の芸術家は純粋性を取り戻し、フランスの血の高貴さを今一度思い出さねばならない。
(Debussy, La Revue Blanche)

しかし大事なのは、ドビュッシーの愛国主義は敵を貶めフランスを称揚するような国策音楽をつくることではなかったことだ。徹底的に、フランス人とは何か、フランス的な音楽とは何かを突き詰める取り組みであり、華やかな音の戯れという外見とは裏腹に、そこには自省という裏付けがあるのだ。これこそが芸術家の戦いである。

その新しいフランス的なソナタは、じゃがいも臭いドイツのソナタ形式とは異なり、極上のピノ・ノワールがそのまま音になったように、香り高く、絹のように艶やかでありつつ、芯がしっかり立った、まさにフランスそのものを体現するものになるはずだ……。

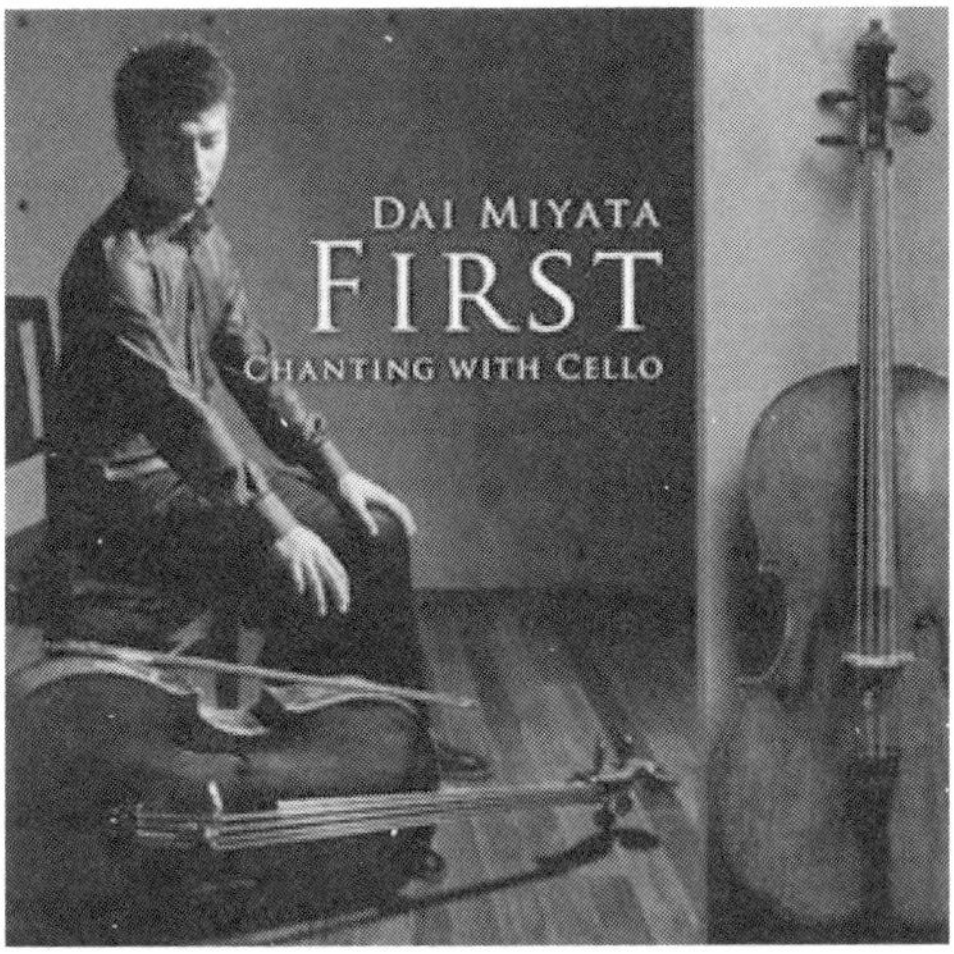

2011年12月6日発売（モルトファイン社）
収録曲は他に、ポッパー「ハンガリア狂詩曲」、R・シュトラウス「チェロ・ソナタ」、など。

残念ながら、ドビュッシーは六曲すべてを書くことはできず、ヴァイオリン・ソナタ、フルート・ソナタ、そしてチェロ・ソナタの三曲を書いた時点で死んだ。（この三曲はいずれも名曲である）。

フランス人であるドビュッシーが、フランス的なものの精髄として最期に作曲したチェロ・ソナタを、現代日本人の若者が朗々と、この上ないほどつややかに、ほのかな陰影もたたえつつ演奏しているのがこのアルバムである。

天皇皇后両陛下が見守る中、宮田大はハイドンを見事に弾き切った。

拍手される両陛下を前に、あたかも、この宮田大のように、若い次世代の人間がいるから日本の音楽界は心配しなくても大丈夫、と言うかのように、宮田氏を前面に立てて、指揮者・小澤征爾は頭を下げた。

今月号より機会を与えられ、音楽をめぐる小欄を担当することになった。次号からは二頁でお送りする。

泰西音楽逍遥 ②

伊福部昭　リトミカ・オスティナータ

本誌副編集長
尾崎秀英

　ゴジラが日本に上陸してから60年弱になる。敗戦の余燼も未だ漂う折、水爆実験という科学の暴走に対して日本人が抱いたのは、自然からの、おごり高ぶった人類に対する復讐の恐怖だった。それは、ゴジラという姿となって現れたのだが、その威容はもちろん、付された音楽は強烈な、原始的なリズムで見るものを威圧した。

　この音楽を作曲したのが日本映画音楽史上に燦然と名を輝かす伊福部昭（１９４１〜２００６）であり、あまりにも『ゴジラ』が有名過ぎて他の作品が語られることは少ないが、『ビルマの竪琴』『座頭市』『大魔神』などの音楽も担当している。

　伊福部昭は１９１４年、釧路に生まれ、北海道帝国大学農学部に進学後、北海道庁地方林課に勤めるかたわら、学生時代より独学で行なっていた作曲活動も継続する。在野の作曲家であった伊福部がアカデミックな場に登場するのは、敗戦の混乱期である。すでにいくつかの曲を発表して名が知られていた伊福部は、戦後、東京音楽学校（現・東京藝術大学）に作曲科講師として招聘された。招聘したのは学長・小宮豊隆であるが、小宮は夏目漱石の一番弟子の文人であり、音楽の専門家ではない。小宮が独学作曲家である伊福部を招聘するに至った経緯は詳《つまび》らかではないが、異例の、勇気ある人事であったことは間違いない。だが、小宮の期待には十分応えられたようで、この伊福部門下からは芥川也寸志、松村禎三、黛敏郎といった作曲家が輩出しており、後年、自らも学長を務めている。

　伊福部音楽の最大の特徴は、むせ返るほど土俗的匂いの立ち込める旋律、執拗かつ強烈なリズム、そして変拍子である。私淑したラヴェルの影響を受けつつ、伊福部は日本の土俗的な音楽世界を切り開く。いや、正確に言えばそれは日本とも言い切れない。伊福部は「幽玄」とか「粋」をあざとく狙うような、貧血気味の音楽は一切作らなかった。その音楽に根ざしているのは、彼が生まれ育った北海道の大地、アイヌの精神世界である。伊福部の激しい音楽は、厳しい自然、そしてその圧倒的な力と対峙する人間のたくましい生命力そのものなのだ。

東宝が『ゴジラに壊して欲しいところはどこか』とアンケートをとったところ、『国会議事堂』が一位だったという

『ゴジラ』の音楽に伊福部の音楽がこれ以上ないくらい適合したのは、ゴジラという恐るべき自然の力を表象する怪獣と、伊福部自身の音楽が持つベクトルが一致していたからである。力強く単純かつ執拗なリズムは、有無を言わさず迫り来る自然の力を見事に表している。

１９６１年に作曲された『リトミカ・オスティナータ』は実質的にはピアノ協奏曲の形式を持っているが、独奏ピアノが妙技と見事な旋律を聴かせるような、普通の意味での協奏曲ではない。ここではピアノはひとつの打楽器と化し、オーケストラと一体となって、ひたすら変拍子のリズムを打鍵しなければならない。もはや音楽は洗練や優美とは遥かにかけ離れて、野蛮ですらある。そもそも、この表題は「執拗に反復するリズム」という意味なのだが、リズムとは音楽の原初の要素であり、強烈なリズム反復は聴衆を否応なく祝祭的熱狂へと巻き込み、その心臓の鼓動さえ高めていくのである。

伊福部は、音楽に必要なのは「力と量と生活である」と喝破した。それを言い換えれば、音楽には、楽譜を破ればそこから血が吹き出ると思われんばかりの、なまなましい生命の手触りがなければならない、ということだろう。

敗戦復興も一段落し、日本人が物質文明への傾斜を強めようという時代に伊福部が示したのは、人間の根源的な生命の力強さ、生命の躍動する姿であった。

泰西音楽逍遥 3

プロコフィエフ　交響組曲「キージェ少尉」

本誌副編集長
尾崎秀英

皇帝陛下はお昼寝中である。なんぴとたりとも、陛下の眠りを邪魔してはならぬ。宮殿は静けさに満ちている。ところがその時、どこかの馬鹿者が、あろうことか、「助けて！」と叫び声を上げる。

驚いた皇帝陛下は、早速犯人を探すべく、衛兵の名簿を提出させるが、書記係もパニック状態に陥っており、名簿に重大な書き間違いをしてしまった。シニュハーエフ中尉を故人にしてしまい、さらに、ポドポルチキ・ジェ（以下の少尉）と書くべきところをポドポルチク・キージェ（少尉キージェ）としてしまったのである。警備の不手際に怒った皇帝は担当者のシベリア徒刑を命じるが、その担当者こそが架空の「キージェ少尉」であった。

こうして、シニュハーエフ中尉は生きながら死んだものとされ、誰に話しかけても目の前に存在しないかのように扱われる。一方、キージェ少尉は皇帝の気まぐれでシベリアから呼び戻され、昇進して結婚式を挙げ、（なぜか）子宝にも恵まれ、充実した人生を送ってゆく。なにしろもともと存在しないので、官僚にはつきものの汚職とも無縁なお陰で、皇帝の忠実無欲な部下としてついには将軍にまで出世する…。

超官僚制国家においては、書類が全てであり、人間の生死も一枚の紙切れにすぎない。このようなソビエト社会を風刺したトゥイニャーノフの小説『キージェ少尉』が映画化されたのは「皇帝」スターリン体制下の1934年である。

セルゲイ・プロコフィエフ（1891〜1953）はロシア革命の混乱を避けてアメリカ、後にパリに亡命していたが、40代に差し掛かると望郷の念やみがたく、積極的に祖国の音楽産業に協力を始めた。この頃に映画音楽として作曲され、後に組曲に改められたのが交響組曲

セルゲイ・プロコフィエフ

『キージェ少尉』である。「キージェの誕生」「キージェの結婚」「キージェの葬送」というようにストーリー展開に沿って音楽が配置されているので、あらすじさえ知っていれば音楽だけで楽しめるようになっている。

　実際、プロコフィエフは劇音楽の天才で、存在しないキージェ少尉をめぐって繰り広げられるドタバタ劇が活き活きと描かれている。

　圧巻なのは、「キージェの葬送」である。「わが最も忠実なる家臣」キージェ将軍との面会を皇帝が望み、キージェを都合よく使いまわしてきた官僚たちは青ざめる（彼らはキージェの給料まで使い込んでいた）。そこで、急遽キージェには死んでもらうのだが、将軍の死を惜しんだ皇帝は国葬を命じる。こうして、空っぽの棺桶とともに、壮大な葬儀が執り行われる。この間抜けな場面を描くに当たり、プロコフィエフは悲しげな旋律と能天気で陽気な旋律を同時に演奏させるのである。こんなことは簡単にできるものではなく、天才プロコフィエフの面目躍如の一曲であろう。

　ソ連との関係を十分に親密にしたプロコフィエフは満を持して帰国するが、その後の彼の運命はキージェ少尉のように順風満帆ではなかった。スターリンは音楽も社会主義的でなければならぬとして、彼に自由な創造を許さなかった。実際、プロコフィエフの代表的な作品はソ連帰国前に集中しており、帰国後には目立った作品を書けずに終わっている。

　1953年3月5日、失意のうちに「赤の広場」近くの自宅でプロコフィエフは世を去ったが、奇しくも、このまったく同じ日に、彼の後半生を暗黒に塗りつぶしたスターリンも世を去っていた。スターリンの葬儀が優先されたため、プロコフィエフの棺桶はしばらくの間、自宅から出ることもできなかったのである。

　ソ連帰国後のプロコフィエフの生活は、キージェ少尉と言うよりも、生きながら死んでいたシニュハーエフ中尉に似ていたのであった。

　プロコフィエフの天真爛漫な才能が自由に躍動した最後の輝き、それが交響組曲『キージェ少尉』なのである。

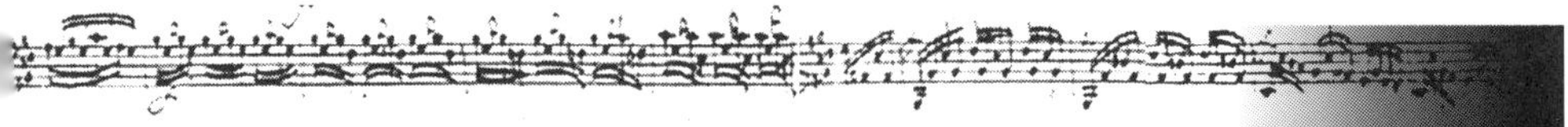

泰西音楽逍遙 ④

ヤナーチェク 弦楽四重奏曲第一番「クロイツェル・ソナタ」

本誌副編集長 尾崎秀英

「音楽とはいったい何なのですか?音楽は何をしているのか?音楽は何のためにそのようなことをしているのか? よく音楽は精神を高める作用をするなどと言われますが、あれはでたらめです、嘘ですよ!」(トルストイ『クロイツェル・ソナタ』)

74歳のゲーテは19歳の娘に本気で恋をし、その経験は「マリーエンバートの悲歌」というドイツ文学史に燦然と輝く作品として結実した。どうやら、人倫に反した愛というものは犯罪を生み出しもするが、芸術作品も生み出すようである。

つらつら考えてみると、芸術と犯罪とは、それが内面であるか外面であるかの違いだけであって、本質的には同じなのかもしれない。決して表面に出してはいけない情念を、暴力という形で表現すれば犯罪だが、音楽や絵画や文学に昇華すれば、それは芸術として許容されるし、賞賛されもする。

レオシュ・ヤナーチェク(1854~1928、チェコ)はその晩年に、38歳年下の若い人妻カミラ・シュテスロヴァと道ならぬ恋に落ちた。そんな作曲家にとって、トルストイが『クロイツェル・ソナタ』で描いた、情念が生み出す恐るべき業の深さが生み出す悲劇は、まるで自らへの告発のように感じられ、それは棘となって心の奥底に深く突き刺さった。

トルストイが小説『クロイツェル・ソナタ』に描いたのは、妻の浮気のために嫉妬に狂い、ついには妻を刺殺した男の告白である。ヴァイオリンを弾く伊達男とピアノを弾く妻が、サロンでベートーヴェンのヴァイオリン・ソナタ第九番、通称「クロイツェル・ソナタ」を演奏するのだが、あまりにも情熱が暴走し、演奏者はおろか、聴く人まであやしく物狂おしくさせるこの曲のために、主人公は二人の関係を邪推し、それ

は結局、殺人を招くのである。

この小説を読んだ作曲家は、止めようもない不義の愛の力と、それが生み出す悲劇とを正面から見据えようと決意する。こうして書かれたのが弦楽四重奏曲第一番『クロイツェル・ソナタ』である。この作品を書くのは、自らの心臓を生きながら引きちぎるような過酷な作業であった。

音楽は冒頭から、悲鳴で始まる。いや、それは悲鳴であると同時に、決してかなわぬものへの憧憬の呼び声でもある。これが全四楽章の共通主題である。

レオシュ・ヤナーチェク

では、誰が悲鳴を上げつつ憧れに満ちた声をあげているのだろうか。

浮気する妻、浮気相手の伊達男、嫉妬する夫、三者がそれぞれ、それぞれの思いを込めて悲鳴をあげ、憧れを抱いているのである。

この、互いに互いを不幸にせずにはいられない関係、これこそが愛のなせる業である。

ヤナーチェクはほとんどマゾヒスティックなまでに、身をかきむしるような音符を書き連ねてゆく。だが、不協和音とスル・ポンティシェリ(耳障りな音を出す奏法)の嵐の中から、不意に現れる、憧れに満ちた音楽の美しさは、この世のものとは思えないほどである。絶望の底から見上げた月ほど美しいものはあるまい。そんな月を見れば、誰だって吠えずにはいられまい。その吠え声こそ、ヤナーチェクが書いた音楽なのだ。

音楽は、音符で書かれた文学である。優れた文学は、人を気分よくさせるのではなく、むしろ、人を考えこませ、叫ばせる魔力を持っている。音楽も同様なのだ。音楽に癒しとか息抜きとかリラックスとかだけを求める人は、結局、死ぬまで音楽と出会うことはない。音楽と出会うということは、実に実に実に恐ろしい体験なのだ。

第四楽章で描写される、ついに殺人へと至る場面とその後の虚脱感は圧巻である。作曲家は音楽で殺人を行うのである。そして、これを聴く我々も、殺人現場に立ち会うのである。

ヤナーチェクの『クロイツェル・ソナタ』、この、愛の無上の喜びと、それゆえの苦しみと悲劇とが凝縮したこのわずか20分ほどの曲を聞くという体験は、20回人生を生きる以上の深い感動を与えてくれるだろう。

泰西音楽逍遥 5

バッハ フーガの技法

本誌副編集長 尾崎秀英

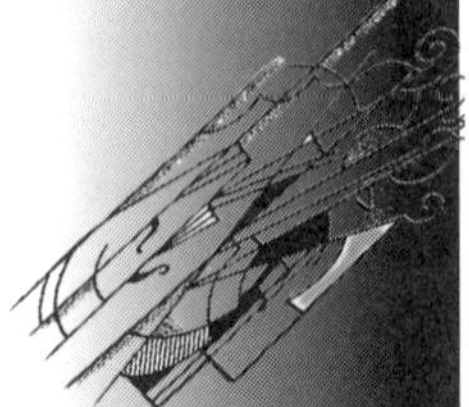

J・S・バッハ（1685〜1750、独）の生涯に、取り立てて特筆すべきものはない。ケーテンを経てライプツィヒの宮廷楽士兼作曲家として活動したものの、その生活は芸術家と言うよりは職人的であり、音楽家と言うよりは専門職公務員的であった。バッハにとって作曲とは日課であり、作品を作るというよりは、宮廷・教会行事などの必要に迫られて、国会答弁を徹夜で執筆する官僚のように作曲をしていたのである。

実際、この時代、作曲家とは未だ近代的な意味での芸術家とは程遠かった。自分の思想や感情を吐露するのではなく、建築家が物理法則や力学法則に従うように、対位法《コントラプンクトゥス》という厳密な作曲技法に従って、音楽で構築物を作り上げる、音の建築職人と言ったほうが正確である。そこには作曲家の自我など入る余地もなく、バッハ自らも、自分の作品は神から与えられた音楽法則によって生み出されていると考え、従って、楽譜を書き終えるとその末尾に「Soli Deo Gloria（ただ神にのみ栄光を）」と記すのが習わしであった。

だが、毎日のたゆみなき鍛錬の結果、バッハの作曲技術は当時の、いや、当時にかぎらず空前絶後の、最高峰の洗練を極めることになる。バッハはいまや、対位法の中でも最高度に難しいフーガを自由自在に操るに至った。（フーガとは、ごく短い主題を執拗に反復しつつ、微妙に変奏を加えていく技法である）。

そして、その技法と音楽性の粋を集めた、まさにフーガの最高峰こそ、バッハが最晩年に取り組んだ『フーガの技法』である。

だが、人生の最後を見据えつつ、最後の作品となるであろうこの『フーガの技法』において、バッハは謙虚にして、尊大な意図を秘めていた。完全に対位法のルールに従って

作曲を行うという意味で謙虚であり、神の摂理にも似た完璧な対位法のそのままさに頂点に、ヨハン・セバスティアン・バッハという人間がこの世に存在したという刻印を、永遠に刻み込もうとしたという点で、尊大なのである。いまや、バッハは神の忠実な下僕であることをやめ、人間である自らに栄光を浴させようと目論んだのである。この曲が完成した暁には、もはや音楽は神のものではなく、人間のものとなるだろう、すなわち、音楽は人間中心主義《ヒューマニズム》の時代を迎えるだろう。

「フーガの技法」絶筆
後世の手によって「BACH の主題が導入されたところで作曲は中断された」とメモが記されている

　バッハの計画は次の通りだ。まず、二つの主題からなる二重フーガを書き始め、展開部で第三の主題を導入し三重フーガとする。この展開を終えたところで、新たに、神々しい面持ちで第四の主題を導入し、前人未到の四重フーガへと突入する。そしてその主題こそ、自らの名前であるB-A-C-H（和名：シ♭―ラ―ド―シ♮）という4つの音なのだ。この主題が導入されてしまいさえすれば、もはや音楽は止めようもない。対位法という必然が支配する力によって、あの主題が音楽を支配してゆき、その頂点で、輝かしく鳴り響くのだ、B-A-C-Hの主題が……バッハはついに神の高みに登るのである。

　作曲家は一心不乱に筆を進める。だが、頻繁に目をこするようになる。五線譜がぼやけて見えるのだ。一体なんだろう。なぜ、筆を進めれば進めるほど、五線譜が見えにくくなっていくのか？これは人間の分際で神の頂きに達しようとした懲罰なのか？

　1750年7月28日、視力を奪われたバッハは急速に体力も衰え、作曲を続けられないまま世を去った。楽譜は、第四主題B-A-C-Hが導入されたところで筆が止まったまま残された。

　未完で残された『フーガの技法』は、はからずも、バッハが常に書き記してきた、そして反逆しようとした「ただ神にのみ栄光を」という言葉を証《あかし》しているのである。

泰西音楽逍遥 ⑥

シューマン（1） ピアノ協奏曲

本誌副編集長
尾崎秀英

ドイツ・ロマン主義は、プロイセン王国を中心にドイツ人としての民族意識が高まる時代の精神であり、すなわち、まさにドイツ民族そのものにとっての青春時代を意味していた。そしてそれは個人にとっての青春がそうであるように、現実をはるかに超えたものへの夢、憧憬として訪れる。ノヴァーリスは青い花を幻視し、ゲーテのヴィルヘルム・マイスターは理想を求めて遍歴を重ねる。

だが、夢は必ず醒めねばならず、理想は必ず挫折せねばならず、そうであるからこそ若者の夢は常に仄暗《ほのぐら》い、哀しい美しさを持っている。

ロベルト・シューマン（１８１０～１８５６）の生涯には、ドイツ・ロマン派の栄光と悲劇とが過不足なく備わっている。この早熟な文学少年は、十代のうちから人間の理想をミケランジェロやベートーヴェンの作品に見出し、文学と音楽とが融合した世界を作り上げ、人生そのものを芸術と化すことを目論む。

だが、もちろんそんなことは簡単ではない。あまりに夢見がちな魂は、蝶のようにひらひらと幻想の世界を飛ぶことはできるが、嵐の中を突き進んだり、天空の高みにまで至ることはできない。そのためには、鷲のような強い骨格と筋力が必要だ。蝶の羽は脆すぎる。

シューマンが作曲していたのはいずれもピアノの小品ばかりで、それらは詩情豊かとはいえ、夢の断片のようなもので、移ろう気分をよく表現してはいるものの、人生を芸術たらしめるほどの説得力、構築力には欠けていた。そしてまさにその点に、シューマンは行き詰っていた。

転機は、ロマン派らしく、愛とともに訪れた。生涯の伴侶となるクララとの出会いである。夢は実現するし、愛は存在するのだ。現実生活が満たされたことで自信を得たシュー

マンの創造力は、これを機に爆発する。歌曲「詩人の恋」、交響曲第一番、三つの弦楽四重奏曲、ピアノ五重奏曲といった名曲を次々に書き上げてゆく。そしてついに、長年の夢であったピアノ協奏曲の作曲に取り組む。実は、シューマンはそれまで三回、ピアノ協奏曲に挑戦し、挫折してきた。協奏曲という形式には、複数楽章を通じて統一性、一貫性を持たせる力、つまり強靭な構築力が必要だ。それまでのシューマンは、いわば短編小説の名手なのだが、長編小説を書こうとすると息切れしてしまっていたのだった。

ロベルト・シューマン

　1841年、ピアノとオーケストラのための「幻想曲」を書き上げるが、もはや、幻想を決して手の届かない「青い花」のままにとどめようとは考えない。「青い花」へと着実に到達する梯子《はしご》が、論理性が必要だ。そこでシューマンが見出したのがバッハの対位法だった。対位法を十分に研究した成果をもとに、ついに、「幻想曲」を第一楽章とする全三楽章のピアノ協奏曲を1845年に完成する。

　第一楽章は目の覚めるような激しい打鍵とともに始まり、続いてすぐに第一主題が奏されるが、これは愛する妻クララの名前を音名に変えた主題《テーマ》である。そこから展開される音楽は、まさにシューマンらしい、かなわぬものへの憧れとため息、痙攣的な喜びの爆発と不意に訪れる深い悲しみがめまぐるしく入れ替わる、青年の心そのものである。

　だが、春の日差しのような、明るさと同時に陰りに満ちた幻想曲は、夏の日差し、何の屈託もない喜びそのものへと至らなければならない。真の感動は、やや内省的な第二楽章から連続して演奏される、第三楽章への移行にある。ここに、シューマンの独創があった。すなわち、内省の静けさの中、遥か彼方から、第一楽章のクララのテーマが聞こえてくるのである。この循環してきた主題を得て、あたかも愛の呼び声によって生きる力を取り戻した如く、第三楽章は生の喜びに満ち、力強く生命そのものを肯定する。

　作品における形式と内容の完璧な一致というものは滅多にない。このピアノ協奏曲は、シューマンの生命への意志と音楽形式とがついに和合した、奇跡的な、不吉なほどに幸福な曲なのである。（この項つづく）

泰西音楽逍遥 ⑦

シューマン（2）『マンフレッド』序曲

本誌副編集長 尾崎秀英

近代資本主義社会の成立とともに、その資本の余剰を消費するためだけに存在する「芸術家」という奇妙な職業が出現する。

この存在は、資本主義社会の温情によって生かされていながら、国家や資本主義という現実を否定して、現実をはるかに超えた美しい理念の世界を提示する。

だが結局、理念は現実の前に斃れ、ベートーヴェンやシューベルトといったロマン派を切り開いた巨匠たちは貧困の中で死んでいった。結局、神の恩寵などというものに頼らず、人間は自らの手で人類そのものを救済することはできないのだろうか？これがロマン派の根源的煩悶である。

1848年、シューマンは長らく夢見ていた文学と音楽が和合した究極の理念を表現する作品を作ろうと試みる。ドイツ語の語りと、音楽とが一致して人生そのものを芸術として示す作品にとりかかる。それこそ、幼少の頃より愛読していたイギリスの破滅的詩人・バイロン卿の作品の中で、もっとも自分自身の分身と思えた『マンフレッド』のための劇音楽だった。

バイロン卿（1788～1824）は異母姉オーガスタと近親相姦を犯し、その罪悪感から逃れるためにギリシャ独立戦争へほとんど自殺のように身を投じ、そしてそこで死んだ。そんなバイロン卿が決して許されぬ愛の苦悩の中で書いた詩劇こそ、『マンフレッド』であった。

自らの過ちで恋人アスターティを死なせてしまった主人公マンフレッドは、魂の平安を得るために、アスターティなどそもそもいなかったのだと、「忘却」を求めて、魔女と精霊たちを召喚する。だが精霊たちは「何かを与えることはできるが、あなたから奪うことができるものは、あなたの命だけだ」と答える。ここから、死とはすなわち忘却なのかという哲学的な問答が交わされるが、結局、マンフレッドは誰に強制されるのでもなく、まして契約の力で命を奪われるのでもなく、自ら死を選ぶ。

　あまりにも人間的な罪を償うためには、自らの意志で自らの命を絶たねばならない、これがバイロンの示したロマン派的解決であった。それは、自らの運命を神や精霊といった超越的なものに委ねるのではなく、自分の運命は自分だけが左右できるものだという、強烈な人間中心主義《ヒューマニズム》である。そして、「俺を滅ぼすことができるものは俺だけなのだ」という破滅的絶叫に、シューマンは深い感動を受ける。

シューマンが私淑したイギリスの詩人バイロン卿

「これほど、愛と情熱を注いだ作品はありません」とシューマンは友人に書き送っている。実際、この曲を指揮した折、「シューマンはスコアの存在さえも忘れ、自分自身がマンフレッドその人になったかのように、没入しきっていた」と伝えられている。

　音楽は悲劇性に満ちた激しい序奏で始まる。そして、そこから展開されるのは、愛も忘却も得られないのならば、いっそのこと、自らが亡びるとともに世界そのものも滅びてしまえば良いという、ロマン派の魂が最悪の形で顕現する、暗い欲望そのものである。音楽は生への意志と死を求める情動の間で引き裂かれる。

　生への意志と絶えざる破滅からの誘惑、こうしたまったく矛盾したものの間で揺れ動き、やがてバランスを失い、激突し爆発し、ついには自らを滅ぼしていくという人間の姿には、人を惹きつけてやまない魅力がある。『マンフレッド』序曲こそは、まさにバランスを失って破滅へと向かう熱情の奔流そのものであり、そうであるがゆえに、我々はそこに音楽そのものを超えて、目をそらすことのできない激越な精神のドラマを見出さずにはいられない。

　そして、シューマンの魂のバランスは、限界に瀕していた。シューマンは妻クララにこう書き送る、「どうにもならない状態にまで追い込まれたら、自分の生命に手をかけないとは保証できない、その恐ろしさ――――」。

（この項つづく）

泰西音楽逍遥 8

シューマン（3）天使の主題による変奏曲 (Die Geistervariationen, WoO.24)

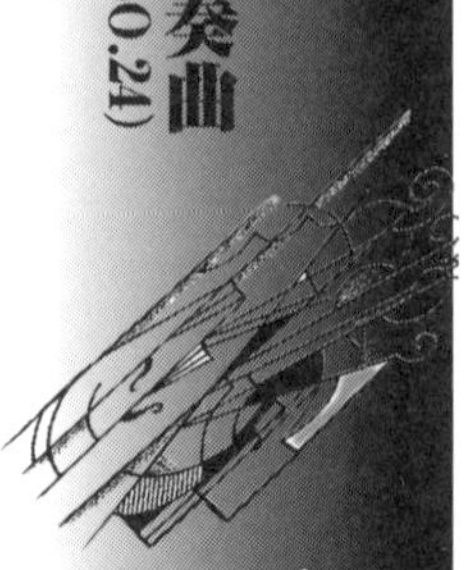

本誌副編集長 尾崎秀英

「僕は急に恐ろしい考えに襲われた。人間が持ちうる限りの、天が人を罰しうるもっとも恐ろしい考えに——理性を失うという考えに……」

　これがシューマンの晩年に書かれたものだとしたら、驚く必要はない。だが実際には、これは1833年、すなわちシューマン23歳の折に、後に生涯の伴侶となるクララにあてて書かれている。

　結局、人間は生まれた時に主題を与えられており、人生はそれを変奏しているだけなのかもしれない。人生の折々に浮上する旋律がいかに表面上異なって聴こえるにせよ、実はその根底にある旋律は、生まれ落ちた時に与えられた最初の主題そのものなのだ。それはシューマンにとっては生きる喜び、愛の歓びの旋律ではなく、不断の死からの誘惑、この世から離脱することへの誘惑だった。それは、孤独な魂に特有な通奏低音であった。

　1854年2月15日、ついにシューマンは幻聴を聴く。脇に立った天使が美しい音楽を奏でるので、急いでそれを書き留めるが、徐々に天使は悪魔や猛獣の姿へと変じ、今度はシューマンを責めさいなむのだった。そのたびにシューマンは狂乱状態に陥った。小康状態の折には、天使から与えられた主題の変奏を書きとめ、狂乱状態に陥ると手が付けられなくなった。ついにシューマンはクララに嘆願する。「僕を精神病院に入れてくれ。僕が理性を失って君を傷つけることが心配なんだ」と。実は、この「天使の主題」は、その前年に作曲したヴァイオリン協奏曲第二楽章の主題だったのだが、そのことにも気づかないほど病状は進行していた。

　2月27日、シューマンは精神病院へ移送されるのを待つ間、変奏曲の最後の第五変奏を書き終える。それは、あたかもさなぎから孵化した蝶

がおぼつかない様子で、いずこへともなく、虚空へと羽ばたいてゆくような、はかなさの極みの曲であった。

　楽譜を書き終えたシューマンは、家人の目を盗み、外へふらふらとさまよい出る。そしてライン川へ差し掛かると、橋の通行料代わりにポケットから出したハンカチを渡し、周囲の訝しむ目のさなか、川へ身を投じる。

　幸い、居合わせた人々によってすぐに助けられ、暴れるのを縛り上げられ、そのまま精神病院へと送られた。それ以来、シューマンは正気に戻ることはなく、精神の薄明の中で2年後の1856年に息を引き取る。

　シューマンは妄想性毒殺恐怖症に陥っていたと考えられている。そのため、彼は病院から与えられる食べ物に一切口をつけなかった。だが、これほどの有名人を餓死させては、病院の名誉に関わる。医者は、誇らしげに施した治療を書き留めている。それによると、自傷行為を防ぐためベッドにシューマンを縛り付け、口から入るものを拒絶するので、肛門から栄養剤を浣腸し、強制的に生き永らえさせるのである。

　このあまりにも凄惨な状況を見せるわけにはいかず、クララは面会を拒否されていた。だが、栄養剤を浣腸して行う延命治療などたかが知れている。ついにシューマンも末期の時が訪れた。医者が見放し、最後の別れにクララにも面会が許された。

　1856年7月27日、クララはシューマンが発狂して以来、はじめて面会をする。この時、クララは自らの手で、ワインを差し出す。あれほど毒殺の恐怖に怯えていた患者は、ところが、この時ばかりは、クララの手を握り、その手からワインを飲む。伝説によれば、一言「わかるよ」、と言ったという。クララは日記にこの時のことを「ああ、彼は私だとわかったのだ！」と記した。

　7月29日午後4時、クララが席を外した間に、シューマンは世を去った。この世を去るその時に、側には誰もいなかった。結局、孤独な魂は孤独なままにこの世から去った。

　それから40年あまり経った頃のことである。シューマンの一番弟子であり、クララとの間に秘密の関係もあったブラームスは自らも死を前にして、こう述べている。

「ロベルト・シューマンの最後の変奏曲、あの音楽は、いつも頭の中で響いています。いったい、誰があれほど美しく、この世に別れを告げることができるでしょうか」

　蝶の羽は脆い。その脆さが蝶をかくも美しくする。（この項終わり）

泰西音楽逍遥 ⑨

グラス　弦楽四重奏曲第三番「MISHIMA」

本誌副編集長
尾崎秀英

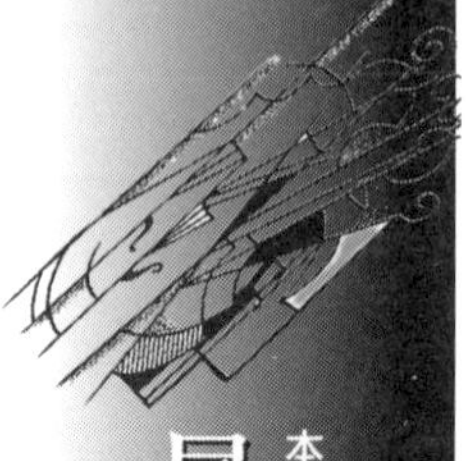

三島由紀夫の自決は世界にも衝撃を与えた。富士山のように大きな山は、麓からはその威容は計り知れない。少し距離をおいて眺める必要がある。富士山の麓には深い樹海があり、そこに入れば必ず迷う。三島は自らの死をあのように演出することで、日本人の喉元に解き難い難題、謎を突きつけた。だが、外国から見た三島という富士山は、簡明な、規矩《きく》正しい稜線を持った姿に見えるようだ。それは、戦後日本という絶対的価値喪失の中で生きざるをえなかった、仏教的虚無感に至るまで絶望しきった魂の姿なのだ。

そして、三島自身、結局、自分の思いは外国人にしかわからないと考えていたフシもある。もっとも心奥の秘密を語った相手はドナルド・キーン氏であったし、不在の死に耐えなければならない苦痛を描いた短編小説『真夏の死』では、主人公の女性はアメリカ人と対話することで、はじめて素直に自らの思いを語る。

三島の自決から15年後の1985年、フランシス・フォード・コッポラとジョージ・ルーカスのプロデュースのもと、ポール・シュレーダーを監督として映画『MISHIMA』が制作された。三島自身が自決の直前、東武において自らの人生を回顧する展覧会を開いた折、「書物の河」「舞台の河」「肉体の河」「行動の河」と、人生の局面を四つに分けたことにならって、『金閣寺』『鏡子の家』『奔馬』『太陽と鉄』の四作品を劇中劇として取り上げながら、三島の心象風景を炙りだしてゆく。

この映画の音楽作曲に選ばれたのが、新進気鋭の現代作曲家フィリップ・グラス（1937〜）だった。

グラスはミニマリズムという作曲技法を代表する現代作曲家の一人である。ミニマリズムとは、徹底的に音楽を根源までさかのぼり、リズムと和音という最小単位《ミニマム》まで分解しよ

うという先鋭的な運動であった。どれほど先鋭であったかというと、グラスのデビュー作であるオペラ『渚のアインシュタイン』では、ひたすら「one, two, three, four…」という無意味な歌詞が分散和音で歌われ、しかもそれが延々四時間繰り返されるというシロモノである。聴衆はひたすら苦痛に耐えねばならない。

映画「MISHIMA」より『奔馬』の場面

　だが、この「繰り返し」を特徴とするミニマリズムという技法は同時に、有為転変し同じ過ち、同じ苦しみを繰り返す人間の世界に対する透徹した仏教的感覚を表現するのにもっとも適していた。

　グラスはシュレーダー監督から「私が考える三島を描きたい。三島への共感など必要ない。ひとつの孤独な魂が、孤独という苦しみからの開放を国家に求めて、そこに絶望して死んでいく魂を描きたい」と言われ、小説作品のBGMには絢爛豪華なオーケストラを用い、三島の現実生活、すなわち、名声が高まれば高まるほど高まる空虚感を表すために、簡素な弦楽四重奏を用いた。その弦楽四重奏部分をクロノス・カルテットの委嘱によりまとめたのが本作「MISHIMA」である。音楽はひたすら内省的で、三島が死に惹かれてゆく様子を静かに美しく、悲劇的に描き出す。グラス自らはこう語っている、「世俗的成功の絶頂に、そうではないと現実を否定する精神、そのような一人の人間の美しい生き方そのものを描きたいと思った」と。幼年の三島に狂気の妖婆が与えた死の刻印を表した第三楽章「祖母と公威《きみたけ》」や、切腹するのにふさわしい腹筋を鍛える様子に付された第四楽章「ボディビル」はひたすら凄惨であり、終楽章は三島の魂を慰撫するようにひたすら美しい。

　三島自身、このように外国人が自らの死を熱心に、芸術的に解釈しようとすることに、あの短くけたたましい笑い、本当に心の底から笑っていない人間に特徴的な笑いを発するかもしれない。だが、アメリカ人の三島解釈には侮りがたいものがあるのは事実なのである。

泰西音楽逍遥 ⑩

瀧廉太郎『憾《うらみ》』（Bedauernswerth）

本誌副編集長
尾崎秀英

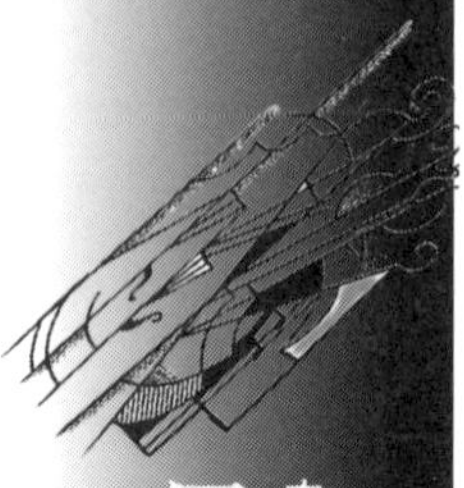

『荒城の月』『花』をはじめ、現代でも愛唱されている歌の数々を瀧廉太郎（1879～1903）が作曲したのは、その短い人生のうちの第一期、高等師範学校附属音楽学校予科からライプツィヒ留学までの間である。第二期は1901年から約一年のライプツィヒ音楽院留学時代だが、すでに西欧歌曲を学んだ上で、西欧的語法を用いながらも日本的心性を縦横に表現していた瀧廉太郎にとって、この留学は、西欧文明に学ぼうと言うよりも、西欧の文明を極め尽くした上で、その文明を日本的心性で飲み込んでやろうというほどの気宇壮大な野心に満ちたものであった。実際、留学中、当時最高のピアニストの一人であるパデレフスキーの演奏に対し、楽理的理解が浅いとその限界を指摘しているほどである。

しかし、その志の強さ大きさに比して、廉太郎の肉体はあまりにも虚弱であった。廉太郎が目論んでいたのは、日本人として、西洋音楽の語法を完全に吸収した作品を作った上で、世界に通用する日本発の音楽、すなわち国学ならぬ国楽を創始することであったかもしれない。（実際、『荒城の月』はベルギーでは賛美歌としてそのメロディーが採用されているという）。それほどの自負と自尊を廉太郎は抱いていた。だが、ライプツィヒの寒い夜のある日、廉太郎は大量の吐血をする。当時は死病である結核を発症したのである。

ライプツィヒ留学は、一年足らずで終わった。病状が悪化し、ほとんど強制送還のような形で日本に送り返された。意気は軒昂であっても、肉体がそれを裏切ったのである。

帰国した廉太郎は、故郷・大分の実家で療養する。この時期の廉太郎の想いを忖度できる資料は、楽譜以外にはほとんど存在しない。そして、病床で、文字通り血を吐きながら書

き上げたわずか64小節の作品こそ、天才・瀧廉太郎の白鳥の歌であり、ピアノ曲史上にも名を残すべき、『憾』である。

音楽は三部構成で、冒頭にまさに「なぜ、私は今死なねばならないのか」という悲痛な叫びが歌われる。中間部では、「生きてさえいれば、あんな楽しいことも、こんな嬉しいこともあったであろうに」という、死ぬ人間が夢想する決して叶わぬ歓びが歌われるが、それも冒頭の悲しみと諦めに似た旋律、すなわち、「憾み」の旋律に戻り、曲は絶叫するように、最強の打鍵で終わる。

ここで使われている音楽話法は、まったく日本的ではなく、むしろ、シューベルトの作品だと言っても通じそうなぐらいである。廉太郎は、何に憾みを残したのか。無論、夭逝せねばならぬ自らの運命を恨んだろう。だがそれ以上に、自らの生命よりも、なすべきと自らに課したことを果たせずして死なざるを得ない、無念さ、それこそがこの音楽の本質である。廉太郎は西洋音楽を自家薬籠中の物とした上で、日本的心性を表現する事を目論んでいた。だからその前に、西洋人も納得せざるをえないほど、西洋の音楽語法を習得した作品を作ろうとしていたが、彼の健康がそれを邪魔した。『憾』の直筆楽譜には、まず、ドイツ語で「Bedauernswerth」と記され、その下に日本語で『憾』と記されている。そして演奏指示も事細かに記されている。例えば冒頭は「Allegro Marcato」とされ、これは、一つ一つの音を叩きつけるように、はっきりと演奏せよという楽想指示である。それほど「憾み」あるいは無念は深いということであり、この無念が西洋人にも理解されることを確信していたのであろう。

この『憾』を作曲する直前、廉太郎は最後の歌曲となる『荒磯の波』を作曲している。水戸光圀の和歌の一部を変えて、「荒磯の岩に砕けし散る月を一つになしてかへる波かな」とした歌詞である。この光圀の和歌の根底には「大海の磯もとどろに寄する波破《わ》れて砕けて裂けて散るかも」と詠んだ、夭逝した鎌倉三代将軍・実朝の魂が揺曳している。実朝の歌は破滅願望的であるが、光圀は、死のその先に何か無常感めいたものを見ている。だが、この『荒磯の波』の直後に、やはり廉太郎は『憾』を、病を圧《お》して作曲せずにはいられなかった。「憾み」を忘れて無常などにはとどまることはできなかったのであろう。

享年24であった。

泰西音楽逍遥 11

ラフマニノフ　ピアノ協奏曲第四番

本誌副編集長
尾崎秀英

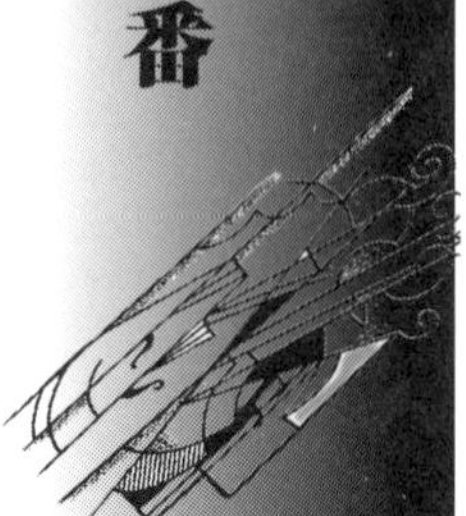

才能というものは財布のようなものだ、と気の利いたことを言った人が昔いた。それは、運次第で、財布を拾えた人もいるし拾えなかった人もいるように、結局、才能とは運なのだということを言いたいようだ。だが、才能は財布のようなものではない。才能は財布のように道端に落ちてはいない。元から持っていない人が後から獲得することは決してないし、ところが困ったことに、持っていた人は後から落とすことがあるのだ。

セルゲイ・ラフマニノフ（1873〜1943）の人生は、生まれ持った大きな財布を落とす過程である。それは無惨極まりない。

ラフマニノフは紛れもなく天才であった。チャイコフスキーを慕い、ロシアの大地に根ざした叙情性あふれる音楽を作っていた。例えば、自らも優れたピアノ演奏者であったラフマニノフの最も人気が高い「ピアノ協奏曲第二番」の冒頭は、荒涼たりながらも慈悲深いロシアの大地の夕暮れに、聖教会の梵鐘が甚深と響き渡るように始まる。のっけから聴衆をロシアの精神性そのものへと誘う、まごうかたなき名曲である。

この時、ラフマニノフは確かに、ロシアの大地に根ざし、自分の作曲活動はロシアなしにはありえないという自己認識のうちに作曲をしていたのだった。

だが、ロシア革命が訪れると、すぐに亡命した。もちろん、ロシア革命の前後に亡命した作曲家は、他にもいる。グラズノフ、ストラヴィンスキー、プロコフィエフなど錚々たる作曲家たちが亡命している。

彼らが新天地でも故郷を思いながら作曲活動に従事したのに対し、亡命したラフマニノフは、アメリカでの演奏活動というドサ回りに終始して、自らの音楽を掘り下げるということができなかった。彼は昔作曲した協奏曲を演奏する、巡業芸人とし

て日銭を稼ぐことに専心したのである。「あのかっこいいところをもう一度！」と聴衆が要求すれば、恥ずかしげもなくいわゆる「サワリ」を演奏しておひねりをもらう日々なのだった。その巡業の日々は、才能を二束三文で切り売りして銭を乞う日々に他ならなかった。

時代が少々ずれるが、ナチスの迫害から逃れてハンガリーから同じくアメリカに亡命したバルトーク・ベラは、むしろアメリカで生活する中でマジャール人としての自己意識を強め傑作を作ったのとは対照的である。

ラフマニノフの巡業公演も飽きられてきたため、新作が要請される。すなわち、聴衆が求める、それまでのピアノ協奏曲第二・第三番のように「気持ちいい旋律」に満ちた曲、すなわち作曲家の精神性を無視してとにかくカネになる新作が要請されたのだ。

そして、ラフマニノフはピアノ協奏曲第四番を作曲する。だが、すでに才能は枯渇していた。もはやラフマニノフはかつて栄光を博した自分の音楽を、それが何を意味していたかも忘れて、醜悪に自己模倣せざるをえない。

そうして作られた音楽は内的必然性を欠いて、まったく無意味に盛り上がり、前後の脈略なく、「これだったら聴衆を惹きつけられるだろう」という商売的意図が見え透いた甘い旋律がでたらめに配置される。この音楽はただ単に、聴くに堪えない。オーケストラはいたずらに咆哮し、ピアノはただ単によく訓練されたサルのように、まったく意味のない曲芸的超絶技巧の音階を奏でるだけである。すなわち、ここに、かつてラフマニノフが書いたような、人の心に触れるような「音楽」は存在しない。

ピアノ協奏曲第二番、第三番を続けて聴いた後にこの第四番を聴けば、哀れさと無残さのあまりに涙することになるであろう。

一体どうして、素晴らしい能力を持って生まれた人間は、堕落してしまうのであろうか。どうして美しく生まれついた人間は美しいままに終りを迎えることができないのであろうか。ラフマニノフが哀しいほど明るく凡庸極まる「ピアノ協奏曲第四番」で意図せずして示したのは、人間のこうした根源的悲劇である。

ラフマニノフはピアノの上手な巡業芸人《サル》として、その人生をカリフォルニア州のビバリーヒルズでひっそりと終えた。彼は金を得たが、このピアノ協奏曲第四番を作曲したことによって、彼が作った名曲の数々による名声を凌ぐ汚泥をかぶった。

ワーグナー＝リスト
トリスタンとイゾルデの「愛の死」（ピアノ編曲版）

本誌副編集長
尾崎秀英

「またお前の親父が変な汚い音楽を弾いている。耄碌した爺さんはどうしようもないな。さっさとあの雑音をやめさせろ」

こう言ったのはリヒャルト・ワーグナーであり、彼が言った相手は妻のコジマ・ワーグナー、そして問題の「爺さん」はコジマの父親であるフランツ・リスト（1811〜1886）である。

リストと言えば、その若かりし頃には社交界の花形で、なにしろ美青年でピアノの名手であり、自作の超絶技巧曲の演奏を聴いた女はその場で失神したと言われるほどである。

確かに、リストも作曲はした。だが所詮、技巧だけが自慢のピアニストが作る曲など、底の浅さが知れている。若いうちはその美貌のためにちやほやされるが、加齢とともに美貌も失せ、曲の音楽性そのものが問われるようになると、リストは自らの音楽性の欠如に恥じ入るようになる。結局、若さとか美貌は衣装に過ぎず、老いとともにそれらが剥ぎ取られた時、あばら骨が浮いた貧弱な、醜い自らの姿に直面して、初めて鏡を見た『テンペスト』の化物キャリバンのように、自分への怒りのために悶絶せざるをえないのである。

巧言令色鮮し仁と言うが、リストの作る曲は、その技巧性の高さのゆえに、かえって、その精神の空虚さがあからさまになっている。

老いてからようやく自分の人生とその創作物の空虚さに気づいたリストが、一心不乱に始めたのは、偉大なる先人たちの音楽を、特に交響曲をピアノに移植する作業である。

近代のピアノという楽器は、演奏者の技量によっては一つのオーケストラを凌駕する表現力を持っているのだが、その表現力を極限まで拡大したのは、このリストの晩年の仕事だった。

リストは、自らの音楽に精神性が、ドラマ性が欠如していることが

わかっていた。正しく言えば、自分は人生を生きたことなど一度もなかったと認識した。だから、人生を生きた先人の音楽を編曲することによって、精神の高みあるいは深みに達しようと目論んだのである。ベートーヴェンの交響曲をピアノに編曲して楽聖の精神に触れた。次に取り組んだのは、娘のいけすかない婿、傲岸不遜なワーグナーの作品である。ワーグナーは人間としては最低だが、その作り出す音楽はリストを打ちのめした。

　とりわけ、楽劇『トリスタンとイゾルデ』はリストに深刻な衝撃を与えた。そこには、真に孤独な人間が初めて心を通わす相手を見つけ、愛に燃え上がり、愛の喜びの最中に死ぬことこそ人生の目的であるという、ピアノを弾くことだけは上手だけれども結局凡庸な生活人リストには思いもよらなかった世界観が、色彩豊かに、説得力をもって描かれていたのだった。

　ワーグナーが描いたのは、強烈な恋愛至上主義である。生は愛の為に存在するのであり、愛が成就すれば、その頂点で愛も生も終わりを迎えねばならないという、常識を超えた過激な心中の思想を、ワーグナーは音楽に描いた。いや、これは言い間違えで、過激な思想などなく、思想とはそもそも過激なものなのだ。そして、思想は言葉によって語られるだけではない。音楽は思想を語る言語の一つなのだ。ここが手先が器用なだけのリストには到達し得なかった境地である。

　リストは一心不乱にワーグナーのスコアに取り組む。その過程で、ワーグナー自身も気づいていないような、新しい美を見出す。リストの超絶技巧はワーグナーの音楽を咀嚼する中で、ピアノの表現力それ自体を拡大し、ピアノでなければ伝わらない美を表現するに至ったのである。

　皮肉なことに、作曲者のワーグナー本人はリストのこのピアノ編曲を雑音ととらえていた。だが、この雑音は国境を越えて響き渡り、新しい時代の基調音となる。

　若き日のクロード・ドビュッシーはこのリスト編曲「愛の死」を聴いて、深刻な衝撃を受ける。ピアノとはこれほどの表現力を持っているのか……それでは、自分はピアノの表現力をこれまで引き出していただろうか……。若きドビュッシーは発奮する。そうして、ピアノ曲新時代の扉が開かれる。だが天才が力強く新時代の扉を開くのに、弱々しくも手を貸した、老リストの存在を忘れてはなるまい。

泰西音楽逍遥 ⑬

モーツァルト
ヴァイオリン・ソナタ第二十八番ホ短調　K.304

本誌副編集長
尾崎秀英

人は激しい感情に突き動かされた時、それに形を与えずにはいられない。感情という、もやもやとして心にわだかまる、得体のしれないものを明確なものとして表現せずにはいられない。怒りにかられて拳を振るうのも肉体言語による一つの表現であるし、悲しみのあまり胸を叩いて泣き叫ぶというのもまた一つの表現である。だが、犬だって寂しければ哀れっぽく鳴くし、猫だって怒れば毛を逆立てて牙を剥く。

しかし人間は別の表現方法を持っている。詩人はペンを走らせ、画家はキャンバスに色を塗りたくる。そして作曲家は五線譜に音符を記すのだ。

もちろん、表現されたからといって、何かが解決されたり、癒されたりするわけではない。むしろ事態は逆であり、表現された作品は、作家の心を激しく動かした事件の現場へと立ち返らせ、何度でも作家の心を揺さぶるのだ。

シューマンはモーツァルトの音楽を「どんなに暗い世であっても、この世に歓びを振りまかずにはいられない天使のいたずら」とまで呼んで心酔していたが、そんなモーツァルトにも数は少ないものの、翳《かげ》りと哀しみに満ちた曲がある。

1778年7月3日、パリに滞在中のモーツァルトは友人にこう書き送る。

「僕と一緒に泣いてください！今日は僕の人生の中でも最も悲しい日です。夜中の二時に僕は今、この手紙を書いています。さきほど、僕の母さんが、大好きなお母さんが、亡くなったのです……僕のお父さんのことをよろしくお願いします。お父さんにはさっき、お母さんが病気だと手紙を書きました。急に動揺を与えたくないのです……」

モーツァルトの時代、作曲家は近代的な意味での芸術家ではまだな

く、貴族や教会というパトロンの庇護のもと、彼らの求めに応じて作曲する、作曲職人と言えた。だから暗く悲しい曲ではなく、一夜の宴を楽しく過ごすにふさわしいBGM、聴けば心晴れやかになる曲が好まれたし、また、モーツァルト自身の天性に陽気な性格は、そうした仕事をこなすのに適していた。むろん、モーツァルトの天才が彼の音楽に、この世ならざるほどの美を与えずにはいられなかったのは言うまでもない。

　だが、22歳の青年にとって、母との死別は、今まで知ったどんな悲しみや苦しみとも比較できないほどのものだった。そして最初の感情の高ぶりが収まった時、おそらく生まれて初めて、他人のためではなく、生活のためではなく、自分だけのために作曲を始めるのだ。それは心を癒すためではなく、むしろ、引き裂かれひび割れた自らの心の姿を永遠に楽譜の上にとどめ、何度でもそこへ立ち帰ってくることができるようにするためなのだ。

　誰にでも忘れたいことの一つや二つはあるだろうが、そういう記憶こそ、本当にそれを忘れてしまったら、自分が自分ではなくなってしまうような種類の記憶なのだろう。問題は記憶そのものではなく、記憶の思い出し方にあるのだ。

　モーツァルトはこの曲を書くにあたって、おそらく生前の母の記憶を思い出しつつ、自らの心を観察し、記録する。モーツァルトほど透徹した心理学者はなかなかいない。彼の研ぎ澄まされすぎた耳はどんなに微かな心のさざなみも聴きつけずにはいられない。

　彼はいまや、誰かに伝えるためではなく、自らのために書いているので、大げさな表現や、劇的効果は必要ない。だから、その書法は簡素極まりない。極限まで凝縮され切り詰められた音楽は、異常な緊張感に満ちている。

　曲は全体で15分程度と短い。第一楽章は心の動揺を表すようにやや激しい表現もあるが、全体的に抑制されている。そして第二楽章は沈んだ調子のまま、ひたすら哀しみがため息のように執拗に変奏し続けられる。

　通常、器楽ソナタは三つの楽章を持ち、第三楽章はいわば「解決」として、明るく勢いのある音楽が配置されることが多いのだが、この曲は第三楽章を欠いている。すなわち、第二楽章のため息だけで全曲は終わる。

　悲しむ心に解決なんてそもそも無いからである。

泰西音楽逍遥 14

レスピーギ　交響詩『ローマの松』

本誌副編集長
尾崎秀英

音楽は歴史を語ることがある。喜びや悲しみを語ると言われれば納得もできようが、歴史を語るとはどういうことだろうか。喜びも悲しみも、つまるところ感情で、音楽は確かに感情を語るのだ。そして、歴史もまた、感情なのだ。

たとえば、われわれは大東亜戦争を振り返る時（太平洋戦争と言わず、この呼称を採用すること自体、ひとつの感情的判断がすでに下されている）、英霊たちの崇高な自己犠牲に感動と感謝を覚えるし、大本営の無茶苦茶な戦争指導に怒りを覚えもする。そうした、歴史に接した時の心の動きを語ること、それが、音楽が歴史を語るということである。

１９２２年、ベニト・ムッソリーニが権力を掌握し、いわば「強いイタリア」建設に着手した時、イタリアに重ねられたのは、かつてのローマ帝国の栄光の記憶だった。当時のイタリア人の興奮は推し量るしかないが、ヴァイオリンを弾き、哲学に造詣が深く、乗馬を嗜む偉大な文化人でもあった総帥《ドゥーチェ》ムッソリーニのもと、文化的にもローマ帝国の栄光を取り戻そうという機運も高まった。

そんな機運の中、オットリーノ・レスピーギ（１８７９〜１９３６）は政治的な作曲家ではなく、ファシスト党党員でもなかったが、純朴な郷土愛から、『ローマの噴水』『ローマの松』『ローマの祭』という、通称「ローマ三部作」と呼ばれる一連の交響詩を書き上げる。ここで取り上げるのは、その中でも最も完成度が高い『ローマの松』である。

ローマ市内には、松がたくさん植えられている。その松は、ローマの歴史を眺めてきた証人でもある。

まず、曲はこんなふうに始まる。

ボルゲーゼ庭園の松、時刻は昼間、現代のローマで、子どもたちが嬌声を上げて遊び回っている。そして、何時の時代も歌い継がれてきた、相

手をからかう小唄が歌われている。日本で言えば、「お前の母ちゃんでべそ」のような節回しである。喧騒が最高度に高まった瞬間、舞台は地下洞窟《カタコンベ》周辺に生える松へ移る。時刻は夕暮れ、キリスト教が弾圧されていた時代、闇が迫るとともに地下から玲瓏と、グレゴリア聖歌が哀感をたたえつつ響いてくる。やがて信徒たちの祈りの声がざわめきだし、その声は徐々に大きくなってくる。そして、それは勝利の凱歌として確然と響き渡る。ついにキリスト教はローマの国教となったのだ。

　祈りの声が静まると、今度はジャニコロの丘へ移る。時刻は深夜、静まり返った松林に月光が静かに降り注ぎ、時折吹き抜ける松風に混じって、遠くから、小夜啼鳥《ナイチンゲール》の声が聞こえてくる。人間的世界から隔絶して、常に美しい自然の美が語られている。

　このレスピーギの揺ぎない郷土愛に満ちた曲は、しかし、戦後、不幸な運命をたどった。直接ファシズムとの関連性は薄いとはいえ、イタリア人の愛国心を鼓舞したには違いない、そんな戦争に血塗られた曲は演奏してはならないという自粛が働いたのである。だが、愛国的であろうとなかろうと、音楽は、それが優れているか優れていないか、それだけである。イデオロギー的に正しいからこの音楽は素晴らしい、などということにはならない。

　レスピーギのこの傑作を結局、人々は無視することができなかった。1970年代ころから徐々に「ローマ三部作」は解禁され、今やレスピーギの音楽に「軍靴の足音」を聴きつけるような無粋な人はいない。『ローマの松』の四曲目にして圧巻は、アッピア街道の松である。アッピア街道はローマ帝国の主要街道で、「街道の女王」の異名を持つ。明け方、この古い街道の彼方から、大軍勢がやってくる姿が浮かび上がってくる。先頭を歩かされているのは、今しがた、戦争によって奴隷にされた敵国の民たちで、あわれっぽいうめき声を上げている。その後ろに続くのが、勇姿も凛々しき、偉大なるローマ軍の整然たる行進である。威風堂々と、ローマ軍は最高神ユピテルを祭るカピトリウムの丘へと凱旋し、勝利を高らかに宣言する。

　現代のわれわれは、ここにローマ軍の勝利の雄叫びだけではなく、政治的な思惑などに左右されない、レスピーギの純然たる郷土愛と、その音楽の勝利を聴くだろう。

　歴史に触れて揺れ動くわれわれの素直な心に、政治などが入り込む余地はないのだ。

泰西音楽逍遥 15

リムスキー＝コルサコフ　歌劇『金鶏』

本誌副編集長
尾崎秀英

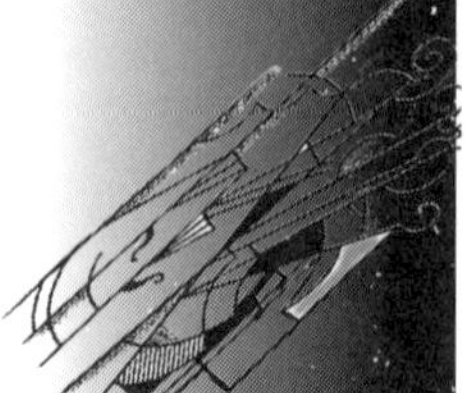

拙者は魔法使い、不思議な力で人形に命を与え、面白おかしい一場の喜劇をお目にかけましょう、されどそこには、人が学ぶべき教訓が隠されておるのです……。

こうして「命を吹き込まれた人形」による物語が始まる。

ドドン王は老年で孤独だ、さらに近隣諸国の侵入に悩んでいる。東に守りを固めれば西から攻めてくる、南を守れば北から攻めてくる、老いたドドン王はもうどうして良いかわからず、二人の王子も白痴同然、国家存亡の危機である。そんな時、魔法使いが現れて、ドドン王に金の鶏を授ける。この鶏は、危機を察知すれば、その方角に向かって「コケコッコー！」と叫ぶのだ。これさえあればもう安全、ドドン王は人生最高の喜びである昼寝にふける。すると金鶏はこう歌う、「寝転がって治めよ」と。

ところが、ある時、金鶏が危機を知らせる。当然ドドン王は精鋭部隊と二人の王子を差し向けるが、彼らは全滅する。どうした、何が起こったのだ。金鶏は甲高く鳴き続ける。精鋭部隊が滅んでしまった、残っているのは老人部隊だけだ、仕方あるまい、老兵が老骨に鞭打って、国家の危機に対処せざるをえまい。こうしてドドン王は老兵を率いて危機が起きている方向へ出兵する。

そこで出会ったのは、謎めいて妖艶なシェマハの女王だった。あろうことか、ドドン王は年甲斐もなくシェマハの女王に一目惚れし、求婚し、自分の王国を明け渡すことを約束する……。

リムスキー＝コルサコフ（1844〜1908）はロシア帝政末期の作曲家で、色彩豊かな管弦楽法を開発し、その美は、彼の最も有名な作品である交響詩「シェラザード」で多くの人が知っている。

だが、同時に、コルサコフは「ロ

シア人とは何か」を突き詰めて考えた愛国者であった。ロマノフ王朝がおかしくなっていく中で、われわれロシア人の原点はここだ、と、歌劇『見えざる町キーテジの物語』を書いた。キーテジの物語は、日本で言えば「浦島太郎」のように、ロシア人ならば誰でも知っている物語である。そこには、ロシア人の誇りと、ロシア正教が教える、神の恩寵が下ったわがロシアという神話的情熱が切実に歌われている。

　だが、現実はそんなに美しく進まなかった。時はロシア革命前夜。政府はおかしい、青年たちの社会主義運動にこそ正義があるのではないか、そんな意見を公にしたためにコルサコフは王立音楽院を追放された。

　表現の自由が制限された時、皮肉なことだが、表現力は爆発的に拡大される。比喩、暗喩、寓話という形で、コルサコフの批判精神は爆発し、人生最後にして最高の傑作オペラを書き上げる。それが『金鶏』である。

　ドドン王はシェマハの女王を伴って、凱旋帰国する。従えているのは、シェマハの女王傘下の見たこともない怪物たちである。結婚式をすぐに挙げようとすると、例の魔法使いが登場し、「私が金鶏を王様に差し上げた時、私の望みはなんでもかなえるとおっしゃいましたね。私はシェマハの女王を嫁に貰いたいと思います」と横槍を入れる。怒ったドドン王は魔法使いをぶち殺す。すると、金鶏が「コケコッコー」と鳴き、「馬鹿な爺さんを殺すぞ」と叫んで、ドドン王の脳天をつつき、殺してしまう。本当の危機は外国ではなく、約束を守らない自国の「馬鹿な爺さん」にあったのだ。

　だが王様よりもっと愚かなのは国民だった。金鶏に殺されたドドン王の葬儀で、国民は「あの王様は馬鹿だったかもしれないけど、王様がいなくなったら、われわれは一体どうしたらいいんだ、どんな馬鹿でもいい、誰かわれわれを導いてくれ」と盛大に嘆きの歌を歌う。

　こうした現代日本にも通ずるような辛辣な政治風刺をコルサコフは円熟の筆致で、才気煥発、魔術的なほどに流麗緻密な音楽劇に仕立てあげてしまった。しかしこの音楽はすぐに上演禁止となり、その心理的ショックがコルサコフの死期を早めたとも言われている。帝政ロシア、ソ連時代にも長く上演禁止は続き、再演が果たされたのはソ連末期、1989年の事だった。それほど芸術による政治風刺は強力で、それゆえに恐れられていたのだった。

泰西音楽逍遥 16

バーンスタイン　チチェスター詩篇

本誌副編集長　尾崎秀英

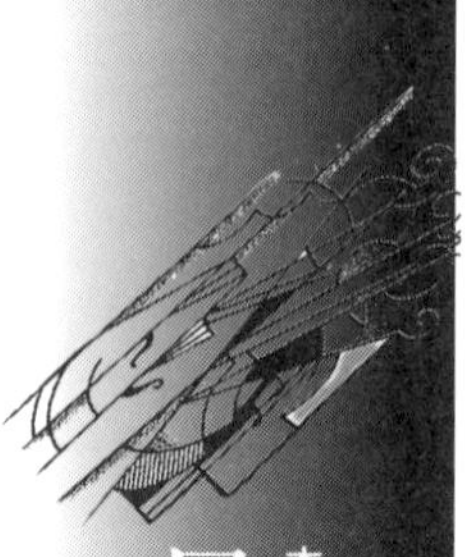

旧約聖書は、過酷な運命を課せられたユダヤ民族が、その悲惨極まる運命こそが神の恩寵の証であると読み替えた、人類思想史上の一大冒険の記録とも言える。特に神への讃歌がまとめられた「詩篇」は、この世で苦しみを味わえば味わうほどますます神への感謝と愛が強まっていくという、後のキリスト教の原型とも言える、重大な思想転換が示されている。

「主はわが羊飼い、私には何も欠けることがない……死の陰の谷を行く時も私は災いを恐れない。あなたが私とともにいてくださる。あなたの鞭、あなたの杖、それが私を力づける」（詩篇第24章）

レナード・バーンスタイン（1918〜1990）はアメリカ生まれ、アメリカ育ちのスター的な指揮者であり、作曲家でもあった。作曲家・バーンスタインの名声が世界に広くとどろき渡ったのは、彼が1957年、シェークスピアの『ロミオとジュリエット』の物語を当時のアメリカ社会に移植したミュージカル『ウエスト・サイド・ストーリー』によってである。モンターギュ家とキャピュレット家の争いは白人青年とプエルト・リコ移民の娘との道ならぬ恋に読み替えられ、このミュージカルは移民国家が宿命的に抱えざるを得ない社会問題を鋭く描き出した……のだが、その音楽が素晴らしすぎて、全米が熱狂してしまった。

当時、アメリカに留学していた小澤征爾氏は自伝に、「タクシーに乗ると、いつも『ウエスト・サイド』の『トゥナイト』が流れていて、アメリカ中が本当に熱狂していた」と記している。

『ウエスト・サイド』の成功は、伝統的クラシック音楽の作曲技法と、ジャズ、ロック、マンボのリズムなど南米由来の民族音楽を化合して、誰もが聴いたことがなかった音楽空間を切り開いたことにある。

バーンスタイン本人は、「うん、あそこの旋律はバレないように、チャイコフスキーの『ロミオとジュリエット』をパクったんだよ」などと磊落《らいらく》に笑って語っているが、磊落と繊細とはほとんど同じ意味である。人は自らの繊細さを恥じるから、それを隠すために不必要に磊落を演じるのだから。笑いの後ろにはいつも羞恥があるものだ。

　アメリカ生まれ、アメリカ育ち、アメリカ的にジャズとロックとクラシックを化合させて、とにかく売れる曲を作る作曲家バーンスタイン、それも一つの魂ではあろう。

　しかし、そんなバーンスタインにはもうひとつの魂があった。「――スタイン」という名前は、ユダヤ人の刻印そのものである。バーンスタインは、アメリカという、國體などそもそも存在しない、根無し草のような人工国家で生まれ育ったからこそ、自分の出自、自分の祖先に対して思いを馳せずにいられない。そして、歴史も國體も何もない「アメリカ」からバーンスタインは離れ、ユダヤ人である自分、あるいは、ユダヤ人が本当の意味で未だ持たざる国家の國體を見つめる。そしてそれは、『詩篇』にすべて書かれているはずだ。

「なにゆえ、国々は騒ぎ立ち、人々はむなしく声を上げるのか。なにゆえ、地上の王は構え、支配者は結束して主に逆らい、主の油が注がれた方に逆らうのか」（詩篇第2章）

　『ウエスト・サイド』や『キャンディード』といった商業的なミュージカルの作曲経験を活かし、バーンスタインはついに、積極的にイディッシュ（古ヘブライ語）を用いた、ユダヤ教をモチーフとする音楽を作曲するようになる。

　そうして成立したのが、旧約聖書の予言者エレミアを名に冠した交響曲第三番『エレミア』であり、イギリスのチチェスター聖堂から委嘱された、『チチェスター詩篇』である。

　人生は苦しみの連続である。人はなぜ生まれ、そして苦しまなければならないのか。『詩篇』はその苦しみこそ、神の恩寵のあらわれだと、思想転換を行う。その思想転換の過程をバーンスタインは、音楽でもって語る。『詩篇』の中心的人物は少年ダビデだが、バーンスタインはダビデの言葉に、繊細にして美の極みの音楽をつける。

　人生は苦しみの連続だが、ふと出会う、美というもの、そういうものに出会ってしまうと、にもかかわらず生きたいと思わざるを得なくなるものだ。バーンスタインが示すのは、そういう心の動きなのだ。

泰西音楽逍遥 17

ハチャトゥリアン　ヴァイオリン協奏曲

本誌副編集長
尾崎秀英

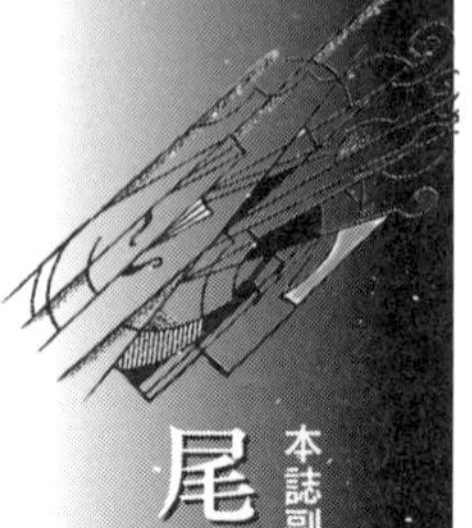

民族というものは、新しくて新しい問題である。古くて新しくもないし、新しく古い問題でもない。19世紀以降、すべての差異を塗りつぶして普遍化していくような近代主義が出現してから、それに抵抗して、「そうではない、我々には普遍化から守るべき独自性があるのだ」という形で見出されたもの、それが「民族」という神話なのだ。「そうではない」という否定から始まっているから、積極的肯定的に「民族」を定義するのはなかなか難しい。確かにわれわれは『荒城の月』を聴けば、いわく言いがたい心境にとらわれる。それを外人に説明することはほとんど不可能だろう。音楽は、言語を超えた言語である。『荒城の月』という言語には、日本人が自覚的・無自覚的に受け継いできた平家物語的な無常観が語られている。かつてここには人が生きて、喜び、哀しみ、怒り、笑い、そしてその人々はもう地上にはいないという感傷というよりも世界観が語られているのだ。そして、そういう、明示不可能な世界観というもの、これがどうやら「民族」概念の中心にあるようなのだ。

　この近代に生まれた「民族」概念に一番手を焼いたのは、今は亡きソビエト連邦であろう。巨大な版図を擁するソ連は必然的に多くの「民族」を抱えることになった。本来さまざまな差異を持つ人間を、「労働者」と「資本家」に強引に区分けしようとするのが共産主義の根本思想である。そうした区分け、あるいは普遍化への抵抗は民族運動として出てくるが、その民族というものがそもそも捉えがたい概念のため、なかなか有効な対応策はない。民族概念の根っこは地縁・血縁ではないかと思いついたスターリンは地域部族の強制移住などを試している。そうした、いわばムチ政策に対して、同時にアメ政策もとられた。つまり、「民族性を強調するな」と厳しく排除の原理で当たるのではなく、「あなたがたもわれらソビエト国民の一員なのですよ」と抱擁して、国家に抵抗する民族の独自性という概念をせいぜい青森弁と鹿児島弁の違い程度に矮小化しようとするわけである。いわば、強く強く強すぎるほど抱きしめて、相手を窒息死させようという政策である。

アラム・ハチャトゥリアン

　アルメニア生まれの作曲家、アラム・ハチャトゥリアン（１９０３〜１９７８）は、政治にも思想にもあまり興味はなく、持って生まれた作曲の天分を活かせればそれでよかった。だが、ハチャトゥリアンの卓越した才能を時代が見逃すわけはなかった。

　ハチャトゥリアンに期待されたのは、西洋音楽の語法の中にアルメニアを始めとする辺境民族の音楽を取り込んでしまうことであった。あまり政治的に敏感でないハチャトゥリアンは、純真に故郷アルメニアを中心として民族音楽を採集して、研究をする。そしてその結果、政府当局者が予想だにしなかった、極めてアルメニア的な、決して「労働者の勝利」などという普遍的イデオロギーとは結びつくわけもない、民族の魂、郷愁に訴えるような曲を作ってしまったのである。その曲こそがハチャトゥリアンのヴァイオリン協奏曲である。

　曲は冒頭から西洋的ではなく、荒々しい激しいリズムで始まり、西洋でも東洋でもない、コーカサス地方独特の感性に満ちている。騎馬民族特有の激しいリズムがあるかと思えば、嘆き悲しみ天に吠えるがごとき哀切極まるメロディーも出てくる。

　こんな音楽を聴いたら、誰だって政治などという、やがて死すべき人間どもの愚かな悲喜劇など忘れてしまうだろう。実際、困ったのはソ連当局者たちで、この強烈に民族色あふれる音楽に、１９４１年、「スターリン賞」を与えざるをえなかった。アルメニアと近いグルジア出身のスターリンがこの音楽を気に入ったかどうかは伝えられていない。だが、スターリンの言葉や著書は忘却の波にさらわれていく一方、ハチャトゥリアンのヴァイオリン協奏曲は今でも愛聴されている。政治は一瞬だが、芸術は永遠だ。

泰西音楽逍遥 18

ベートーヴェン ピアノソナタ第二十一番「ワルトシュタイン」

本誌副編集長 尾崎秀英

フランス革命は政治的事件であると同時に思想的事件であった。それは簡単に言えば「個人」を構成単位とする近代国民国家の誕生である。これはただの暴動・反乱ではなく、旧体制から個人を開放せよという革命の思想が伝染し、伝播する可能性があった。だからフランス革命は否定し、潰さなければならない。周辺諸国は団結して軍を送り込んだが、これに対してフランス側は、ヨーロッパ史上初の「国民軍」でこれを迎え撃った。1792年、ヴァルミーの戦いでフランス国民軍を見たゲーテは有名な「この日、この場所で新しい世界史が始まる」と記したという。ゲーテは国民軍の思想的意味を直感したのだ。

革命はやがてナポレオンの登場を生むが、コルシカ生まれの将軍に率いられたフランス国民軍の大進軍は、「個人」を開放する思想の伝播でもあった。若きヘーゲルはこの思想運動に熱狂し、自らは難解な観念論哲学を大衆に分かり易く説き、ドイツにおける啓蒙運動に邁進した。

こうした思想の大転換は、芸術家にも影響を与えずにはいられない。ヘーゲルと同年齢のルードヴィヒ・ヴァン・ベートーヴェン（1770～1827）も例外ではない。

ベートーヴェンの生涯は、難聴となり、自殺を考え「ハイリゲンシュタットの遺書」を書く1802年頃を境に初期と中期とに分けて考えるのが普通である。初期のベートーヴェンはモーツァルトやハイドンといった先輩作曲家に忠実に、すなわち旧来の音楽形式にまじめに従って作曲を行なっている。しかし作曲家として致命的な難聴を患ったとき、彼は自分の内面に耳を傾け始める。この体験は、当時の社会情勢とも相まって、一人の人間ベートーヴェンが生き、作曲する意味を根底から考え直させた。新しい世界史が始まった

のならば、そこに生きる新しい人間にふさわしい新しい音楽が、新しい形式が必要だ。

そう心が決まれば、もともと気性の激しいベートーヴェンである、猛然と新しい音楽を書き始めた。１８０2年から10年ほどの間に次々と傑作が生み出されてゆく。従来の古典派の音楽形式は吟味され、拡大再構成され、巨大な「ソナタ形式」となった。交響曲第三番「英雄」や第五番「運命」でわれわれが耳にするのは、ベートーヴェンが苦悩と努力によって鍛え上げた新しい時代の形式なのである。

交響曲は多くの聴衆、すなわち新時代の大衆に向けて書かれたが、パトロンである旧時代の貴族向けにも作品を書き、献呈している。しかしそこにもベートーヴェンの新しい精神が活き活きと躍動している。

「ワルトシュタイン」はベートーヴェンのパトロンの貴族の名で、彼に献呈されたためにこのように呼ばれている。とはいえ、ワルトシュタイン伯爵に献呈された曲はたくさんある中で、特に名前が冠せられているのは、この曲の特異性、重要性のためであろう。

打楽器的な和音の連打で始まる第一楽章は、ベートーヴェンが当時完成させつつあった巨大なソナタ形式の実験である。意外な転調、展開を見せるが、なによりもその音楽自体が堂々とした自信、風格を漂わせ、さらに優美ささえ兼ね備えている。

第二楽章も当初、長大なものが用意されていたが、あまりにも全体が長すぎてしまうので、この楽章は外され、代わりに現在の短い、内面に向きあうような楽章が配置された。だが結果的に、これによって斬新な、それまで誰も聴いたことのないピアノソナタの姿が生み出されたのである。それは、他人に向かって演奏すると言うよりも、孤独の中で自らと対話するような、思索がそのまま音となったような音楽である。

孤独な思索は夜の闇に似ているが、明けない夜はない、やがて曙光が指すかのように明るい旋律とともに第三楽章が始まる。朝霞の中から壮麗な城がその威容を現すかのように、音楽はその壮大な姿を徐々に現してゆく。さらに一楽章の主題も回帰してくるのだが、ここで曲全体のドラマ性が明確になる。すなわち、第二楽章という孤独の中から、再び人間が輝かしく、自信に満ちて立ち上がるという、再生のドラマなのだ。

そして、この再生が、人間ベートーヴェンの再生、いや、新しい時代の新しい人間の誕生そのものであることは言うまでもない。

泰西音楽逍遥 19

シューベルト 美しき水車小屋の娘

本誌副編集長 尾崎秀英

夏目漱石は『草枕』でこんなことを書いている。

「住みにくき世から、住みにくき煩いを引き抜いて、ありがたい世界をまのあたりに写すのが詩である、画《え》である。あるは音楽と彫刻である」

漱石はロンドン留学後、胃炎とうつ病を患ったが、これは日本人が西洋個人主義というものに初めて衝突した副反応だった。帰国後、漱石は日本における個人の問題を考えながら小説を書き始めたが、その多くは「ありがたい世」どころか、ドロドロとした愛憎渦巻く不倫劇である。不倫という、日本的家制度を超え出でる現象において、個人の問題があからさまに現れるからである。漱石の場合は不倫が得意テーマだったが、不倫にかぎらず、確かに、個人の存在というものが切実に問題となるのは、愛と死においてだろう。

実は、西洋個人主義と言うけれども、西洋社会も大昔から個人主義であったわけではない。農耕牧畜社会は必然的に共同体的であって、産業構造の変化、近代的都市の誕生、旧来型秩序《アンシャン・レジーム》の崩壊、国民国家の形成を経て、それなりの時間をかけて醸成されてきたのである。当然、その過渡期には、漱石と似たような苦しみも経験された。

ゲーテは『若きウェルテルの悩み』を書いたが、これは極端に言うと、近代社会が生み出す孤独と、居場所の無さを、つまり自らの存在を肯定してくれるシステムを恋愛に求めた青年の苦悩と絶望の物語であった。

ウェルテルに歌を歌わせると、たとえばそれはシューベルト（１７９７〜１８２８）が26歳の折に作曲した歌曲集『美しき水車小屋の娘』になる。

全20曲からなるこの歌曲集は、旅する快活な青年が水車小屋の娘に出会い、恋をし、失恋し、失意のうちに自殺するまでが描かれる。

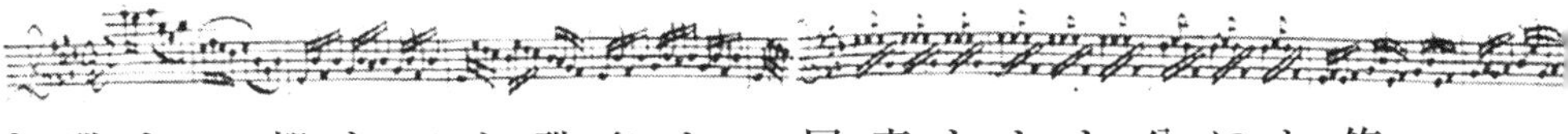

主人公の青年は水車職人で、修行の旅に出ているのだが、それは「住みにくき世から、住みにくき煩いを引き抜い」た、自分の足で自由に世界へと踏み出してゆく喜びに満ちている。そして小川に添って旅を続けるうちに、水車小屋に行き当たる。青年はそこで働き始め、その小屋の娘に恋をする。

原詩はミュラーという詩人によるもので、舞台も中世が想定されている。中世ドイツでは、職人は比較的自由な存在であった。特に、建築職人やここに出てくる水車職人は定住する必要もなく、腕一本だけで都市から都市へ、村から村へと渡り歩くことができた。しかしミュラーと、そしてシューベルトが水車職人の青年に託しているのは、きわめて近代的な意識である。何にも縛り付けられない自由の謳歌は、拠り所を持たない孤絶の不安と表裏一体である。だから主人公はさすらいつつ、寄る辺を探し求めている。そして、美しい娘がいる水車小屋に就職を見つける。

このあたりまでのシューベルトのメロディーはみずみずしく、優美きわまりない。シューベルト自身がこの青年に十分に心を共鳴させていることを伺わせるほどだ。だが、シューベルトはそれにとどまらず、芸術家特有の冷たさでもって、物語を暗転させていく。

恋の喜びの弾むような音楽もつかの間、荒々しい音が現れる。狩人が現れ、青年から娘を奪っていく。

「ああ、涙は五月の緑を育てはしない、死んでしまった愛を再び花咲かせはしない。
それでも春はやって来て、冬は去って行くだろう、そして花が草の中に育つだろう。
僕の墓の中に置かれている花々、その花々はみんな、彼女が僕にくれた花だ。
そして彼女がこの丘に通りかかった時、心の中で想ってくれたなら、『あの人は誠実だった』と！
その時にはすべての花々よ、咲き出せ、咲き出せ！五月が来たんだ、冬が去ったんだ」（第18曲　枯れた花）

こうして青年は死を選ぶのだが、シューベルトは、嘆きの縁にある青年の歌、そして青年の霊を慰める最終曲「小川の子守唄」にこそ、もっとも繊細で優しく美しい音楽をつける。シューベルトの共感は、恋に弾む青年の心ではなく、死を見つめる青年の暗い心にこそ向かっていたのだ。ロマン主義においては死こそ「住みにくき世から、住みにくき煩いを引き抜いて」、個人を開放してくれる最後のよすがだったからである。

グラズノフ　ヴァイオリン協奏曲

本誌副編集長
尾崎秀英

シュテファン・ツヴァイクは自殺する直前に書いた回想録『昨日の世界』の序文で次のように書いている。

「つねに人は国家の要請に従わねばならず、最も愚劣な政治の餌食となり、最も空想的な変化に適応せねばならなかった。（中略）この時代を通って歩んだ、あるいはむしろ駆り立てられ、けしかけられた者は誰でも、――実際われわれはほとんど息つくひまもなかった――その祖先の人間が体験した以上の歴史を体験したのである」

実際、19世紀末から20世紀初頭は、生きにくい時代だったようだ。政治的には国家主義が台頭してきたし、経済的には資本主義が発達し、マルクスが「人間の疎外」と言い、チャップリンが『モダン・タイムス』で描いたような人間の機械化、商品化が進んだ。とりわけ、19世紀に生まれた人間にとって、この急激な変化は耐え難いものだった。なにしろ彼らは、人間が疎外されず、人間らしく生を謳歌できた『昨日の世界』を、――たとえそれが幾分美化されたものであったとしても――体験していたからである。彼らにとって20世紀は人間が破壊されていく過程であり、その痛ましさに疲れ果てると、必然的に「昨日の世界」へと郷愁の眼差しを向けずにはいられない。

これはロシアでも事情はあまり変わらない。ロシア音楽はリムスキー＝コルサコフらを代表とする「国民音楽派」、つまり、ロシア民謡やロシア独特のメロディーといった、ロシアの土着性に根ざした音楽を中心に発達してきた。その系譜に連なる最後の代表的作曲家がラフマニノフである。彼の音楽もまた、母なるロシアの大地、というイメージが溢れかえっている。だが、20世紀に入ると、それも「昨日の世界」となる。革命の嵐が吹き荒れ、「労働者による新社会の建設」が始まったのだ。

ラフマニノフに比べて、アレクサンドル・グラズノフ（1865~1936）の名前は有名とは言い難い。だが、「昨日の世界」ではグラズノフこそ、ロシア音楽界の重鎮であった。

1881年、無名の作曲家の交響曲第一番が初演された時、そのあまりにも洗練されたスタイル、美しいメロディーに聴衆は熱狂した。呼び出された作曲家は、学生服を着た16歳の少年だった。神童グラズノフのデビューである。

それからのキャリアは華々しい。書く曲はロシアのみならず西側諸国でも喝采を浴び、その重厚な作風からは「ロシアのブラームス」と称され、やがて1905年、ペテルブルク音楽院院長として後進の指導に当たるようになる。

だが時代は激動期に入りつつあった。ペテルブルク音楽院長に就任した同年、「血の日曜日事件」が発生、戦艦ポチョムキンが暴動を起こし、ツァーリ支配は揺らぎ始めていた。革命の気運が、新しい世界を目指す熱気がロシアを覆った。「昨日の世界」は忘れられようとしていた。

そして、ソビエト体制が発足すると、グラズノフの音楽は過去のものとなった。新しい時代には新しい音楽が求められたのである。時代に取り残されたグラズノフはロシア人の宿命であるアルコール中毒に陥った。彼は音楽院での指導中にも、隠し持ったウォトカにビニールチューブを差し込み、チュウチュウ吸いながら授業を行い、授業終盤には酔い潰れて眠っていたとの証言もある。

やがてグラズノフはフランスに亡命し、そこで客死するのだが、死亡ニュースは世界を驚かせた。なんだ、まだ生きていたのか！　彼の音楽はあまりに古臭かったので、とっくの昔に死んでいると思われていたからである。

一時は世界的名声を浴びながらも、グラズノフは歴史から忘れ去られた。彼の名を音楽史にとどめているのは、その創作の絶頂期（1904）に書かれたヴァイオリン協奏曲ただ一曲のみによってと言っても過言ではない。

だがその音楽はまさしく傑作である。物憂げなロシア的叙情にあふれ、協奏曲として不可欠な技工の見せ場にも富み、形式と内容とが完全なバランスを保っている。まさに、大地とともに生き暮らしたロシアの「昨日の世界」、その太陽が沈みゆくときの最後の残照、暮れなずむ夕映えにも似た味わいがある。そしてそれを聞く我々は同時に、時代に取り残された天才の悲哀をも感じるのだ。

泰西音楽逍遥 21

ブルックナー 交響曲第九番

本誌副編集長 尾崎秀英

科学がいくら発達して、たとえ宇宙の誕生の瞬間に迫ろうとも、人間の心は休まることはない。なぜ自分という存在があるのか、むしろないほうがあたりまえのはずではないか。なぜ死なねばならないのか。なぜ生きねばならないのか。こうした問いに科学は答えてくれない。それは科学が不十分だという話ではなく、そもそもお門違いの問いかけなのだ。科学は説明を与えてくれるが、こちらが求めているのは「意味」なのだ。

「意味」を求めるからこそ、人は宗教を必要とした。宗教と言っても、既存の宗教だけではなく、浅間山荘の赤軍派も立派なカルト宗教であった。もちろん、浅間山荘と宗教との間には越えられない壁がある。それは、人間のあらゆる力を超越した絶対的な力、そもそもこの世などに生まれたくもなかった私に生きよと命じた力、同時に、生まれたからにはずっとずっと生きたいと願っているにもかかわらず無慈悲に命を奪う力、これである。浅間山荘の連中は「君たちは革命のために生まれてきたんだ」程度の言葉で納得できたのだろうが、まっとうな思考力があれば、「なぜ、私はいまここにあるのか」と問いはじめ、「革命を果たしても自分がなぜ存在するかについては答えは得られない」と気づいたはずだ。何しろ、この世を良くしたところで、なぜ自分が生まれ、生きて、死なねばならぬか、その究極の答えなど、革命理論からは決して出てこないのだから。いや、革命理論だけでなく、右翼左翼問わずどんなイデオロギーも決して人の魂を救うことはできない。やがて死ぬべき人間どもの喜劇を大いに盛り上げる程度である。

アントン・ブルックナー（1824〜1896）にとって、「意味」は明白であった。教会のオルガニストを父に持ち、自らもオルガン奏者として活躍した彼は、幼い頃から熱心なカトリック教徒だった。熱心というのは正確ではないかもしれない。キリスト教は生まれてから死ぬまで、彼の周りに空気のように存在していたから、彼自らは自分が「何かの宗教を信じている」などと感じたことはなかったかもしれない。われわれは自明の真理を「信じ」たりはしないのだから。

残念ながら、門外漢にとって、信仰がもたらす心境というのはなかなか理解し難い。とりわけ、中世神秘学者の記述などは、アドレナリンの過剰分泌と片付けたくなるような錯綜した記述に満ちている。信仰の感覚を言葉で記述することは、泳いだことがない人に、水と戯れることがどれほど楽しいかを言葉で説明するようなもどかしさがあるのだろう。説明を聞いている暇があったら、さっさと飛び込めばいいじゃないか、というわけである。そう言われてもやはり泳いだことがない人間が水に飛び込むには勇気がいる。

ブルックナーの音楽は、自らが体験し、信ずる神の恩寵をそのまま素直に描き出したものである。少なくとも、言葉よりも雄弁に彼が体験したものをわれわれに伝えてくれる。

ブルックナーの人生は大書すべきことがない。人妻との泥沼の愛憎劇もないし、自分の音楽が受け入れられない芸術家としての煩悶に苦しめられたこともない。朴訥な人柄は愛されたものの、そもそも人間関係も淡白で、世俗のことには超然としていたと伝えられている。彼の熱意は作曲に集中しており、その音楽はすべて、神の栄光のために向けられていた。ブルックナーは作曲するときに全裸になる癖があったが、あまりに集中し過ぎていたので、訪問者を全裸のまま迎え、驚愕させたこともあったという。

そんな彼が最後に作曲した、未完の交響曲第九番は、完全に人間的な世界を超え出て、神の顕現、その峻厳さ、そしてその慈愛の限りない豊かさへの感謝が描かれる。実際、譜面の表紙には「愛する神に」（Dem lieben Gott）と書かれている。

残念ながら最終楽章である第四楽章は病死によって未完で残されたが、現在残る三楽章までで、十分圧倒される規模と内容を持っている。この曲に対し、多くの人は、純朴に神の愛の世界の中で生き、死ぬことができたブルックナーを羨ましく思いながら、世俗にまみれた人間たちの迷いの世界へ立ち戻ることになるのかもしれない。音楽は救済の可能性を告げ知らせるかもしれないが、救済そのものではないからだ。

泰西音楽逍遙 22

ベートーヴェン　交響曲第九番

本誌副編集長
尾崎秀英

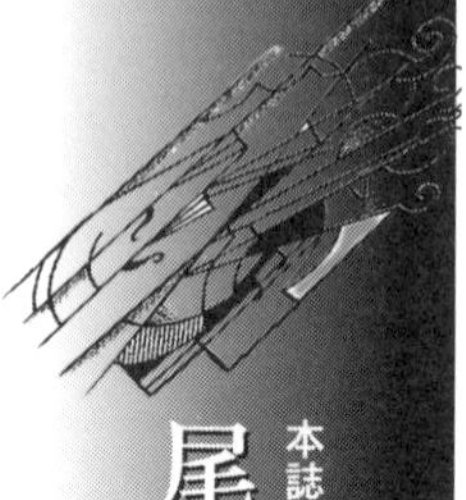

洋行帰りの人から聞いた話である。喫茶店でコーヒーを飲んでいたら「蛍の光」が流れてきたので、まだ日も明るいのにもう閉店かと慌てて店を出てから気がついた。これはただのスコットランド民謡で、日本人が文化的刷り込みとして閉店だと思い込んでいるだけだと。

なるほど、音楽が喚起する文化的刷り込みというものはあるものだ。日本人ならば「第九」を聴くと、「全人類よ、ともに抱き合おう」という歌詞とは無関係に、年末の慌ただしさに気もそぞろになるだろう。

年末と第九が結び付けられたのは第一次世界大戦で捕虜となったドイツ人が日本国内の収容所で演奏したことがきっかけであるとか、プロ・オーケストラの年末のモチ代稼ぎだとかいろいろな説があるが、そうしたつまらない真実を詮索するよりも、「われわれ日本人は新年を迎えるにあたって、全人類の平和と友愛に思いを致さずにはいられないのですよ。なにしろ日本人は平和というやつが何よりも大好きなのですから」とでも言っておきたいものである。

「第九」の第四楽章が名曲であることには疑いがない。あまりにも名曲すぎて、その前の三つの楽章の存在が霞んでいるのではと心配になるほどである。だが第一楽章から第三楽章もまた、ベートーヴェンの思索と創造力が、形式と内容とが完璧に一致した圧倒的な名曲であって、ここを味わって聴いてこそ、第四楽章の感動も一層深いものとなる。それは登山のようなものだ。富士山の頂上で見る来迎は素晴らしいに決まっているが、ヘリコプターでいきなり頂上に来るよりも、自らの足で登り切った果てに見たほうが感動は一層大きいだろう。

困難を経て、大いなる歓喜へ。簡単に言えば、これがベートーヴェンという人間が終生追い続けた主題で

ある。その主題のために、彼は従来の音楽形式を破壊し、拡大することも厭わない。いわゆるソナタ形式はベートーヴェンという魂が要求して生み出された形式である。そこでは、明暗両極端の二つの主題が激しい相克を展開するのだ。

「第九」の第一楽章はまさにベートーヴェンならではのソナタ形式で、空虚五度という茫漠とした響きの中から峻厳な第一主題が現れ、次に現れる歌心に満ちた優しい第二主題と鋭い対照を見せる。

だがベートーヴェンの創意はソナタ形式にとどまらず、交響曲全体を統一する新しい構想をも持ち込む。それまでの交響曲というジャンルは、三楽章ないし四楽章構成の中でそれなりに起承転結はあるものの、個別に独立しても構わないような、極端に言えば「曲集」である。ところがベートーヴェンはここに思想的統一を持ち込む。第一楽章で提起された問題は第二楽章、第三楽章で異なる角度から検討され、吟味され、結論部である第四楽章へと引き継がれていく。楽聖が好んだスケルツォという形式は、もともとは「諧謔」「冗談」という意味であったが、ベートーヴェンの冗談はあまり笑えない。第二楽章「スケルツォ」は第一楽章以上に激しく、せわしいない闘争心に満ちている。第三楽章では、俗に「神の恩寵」と呼ばれる、この上ない優しさと慰撫に満ちた音楽が奏でられる。すなわち、この第三楽章までに、人間を襲う困難と勇気に満ちた戦い、神による救いが検討されるのだが、ベートーヴェンはそれらすべてに満足しない。

第四楽章で真に感動的な場面は、最後の大合唱ではなく、冒頭である。激しい導入を経ると、第一楽章から第三楽章までの主題が回想されるのだが、それらはその都度、断ち切られてしまう。そして、「おお友よ、そのような旋律ではない、もっと心地よい歌を歌おうではないか」と、戦いでも救済でもない、人間が人間を愛することによって生まれる「歓喜に寄す」という人間賛歌が歌い出されるのだが、この旋律に辿り着くまでに、いったいどれほどの長い夜を過ごし、それでも生きたいと、涙とともにパンをかじる日々を経なければならなかったのであろうか。その結論や歌詞が大事なのではない。かつて自殺を決意し、困難と苦悩と戦い続けた人間が、ついに生命を肯定するに至った、その魂の動きそのものが聴く者の魂と共振するからこそ、「第九」は不滅の名曲なのであろう。

泰西音楽逍遥 ㉓

アレグリ　ミゼレーレ

本誌副編集長
尾崎秀英

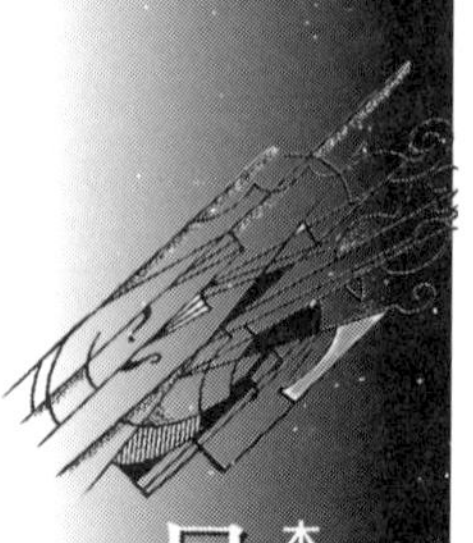

その妻が心筋梗塞で倒れた時、クロード・ドビュッシーがまず最初に行ったのは、妻から財布を奪うことだった。彼は文字通り財布を妻に握られていたので、自由に使えるカネを手に入れるチャンスを虎視眈々と狙っていたのである。ところが妻は体が動かないだけで意識はあったので、夫のこの情けない行動の一部始終を見ていた。一命を取りとめたのちに離婚したのは言うまでもない。

　ドビュッシーのこの行動は人間としてはかなり下劣な部類に入るが、彼が作る音楽は下劣どころか、きわめて高貴で繊細である。

　いったい、芸術家の人間性とそれが生み出す作品とは、関係がないものなのだろうか。美しい魂が美しい音楽を作り出すなどというのはあまりにもナイーブな考え方なのだろうか。

　いや、確かに人間の品性というものはその生み出す作品に必ず反映されるのだ。ワーグナーの音楽は勇壮で魅力的だが、同時に、鼻持ちならない押し付けがましさ、成り上がり者に特有の傲慢さがその音楽にも表れているのも事実ではないだろうか。

　ドビュッシーについて弁護すれば、おそらく彼は、倒れた妻から財布を奪うことに罪悪感を感じていなかったのだ。自分が稼いだものを自分の手に取り戻すのはごく当然のことで、ただ単にわれわれが持っている道徳観念とは少しズレがあっただけなのだろう。ドビュッシーは純粋無垢な心で財布を奪ったわけである。

　それでは、弁護の必要もないほど清廉潔白な、才能のある作曲家はどんな音楽を作るのだろうか。一つの例がグレゴリオ・アレグリ（１５８２〜１６５２）の「ミゼレーレ」である。

　アレグリはローマ教皇ウルバヌス８世に寵愛され、システィーナ礼拝堂専属の聖歌隊の歌手として、そして作曲家として活躍した。その人柄については次のように伝えられている。

「神父のような慈悲と慈愛に満ち、貧しい者には救いの手を差し伸べ、不遇をかこつものには心の支えとなり、苦しみにある者には自己を犠牲にしても助けを与えようとした」

ここまで褒めすぎているとかえって眉唾もので、中世文学お得意の過剰修辞なのではないかと疑うかもしれない。

しかし「ミゼレーレ」を聴けば、その音楽ににじみ出る純潔さに、この言葉はあながち嘘ではないのかもしれないと思うだろう。

曲は、9つのパートから成る合唱曲なのだが、それによって音楽は複雑になるどころか、むしろ素朴さと、抑制の効いた感情表現に留められている。

音楽はドラマチックではなく、「神よ、わたしを哀れんでください(miserere mei, Deus...)」という、神へのすがるような、ひそやかな思いが全曲を貫いている。

この曲はシスティーナ礼拝堂において秘曲中の秘曲として限られた機会にしか演奏されず、また、その楽譜も門外不出であり、持ちだした人間は破門されることになっていた。

現代のわれわれがこれを聴くことができるのは、モーツァルトという天才のおかげである。14歳のモーツァルトはこの10分ほどの9声部の音楽を一度聴いただけで暗譜してしまい、記憶を元に楽譜を再現してしまった。その楽譜はイギリスの出版業者の手に渡り、広く世に知られることになった。

なお、モーツァルトの暗譜の正しさは、ローマ教皇庁自らによって認められた。

モーツァルトの楽譜が完全なものであることを認め、まさにその神業をたたえ、ローマ教皇自ら14歳の少年に黄金軍騎士勲章を授け、門外不出の楽譜を外部に出したことを不問に付したのである。

アレグリの生涯について、記録はほとんどない。カストラート(去勢した男性歌手)であったとも伝えられているが、それすらも定かではない。特筆すべきことがないほど平穏な人生だったのだろう。

アレグリは死ぬまで、システィーナ礼拝堂を離れることはなかった。

ミケランジェロの作品に囲まれながら、世俗を離れ、静かに神への音楽を書き続けた一人の中世人の魂の形が、この「ミゼレーレ」なのである。

マラン・マレ　膀胱結石切開手術図

本誌副編集長
尾崎秀英

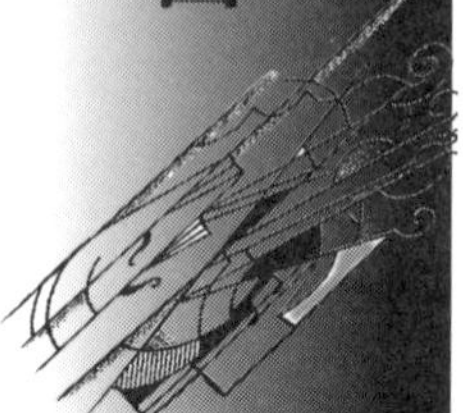

音楽というものは人種、国境を超えて普遍的なものであるという。こういう考え方は、音楽の持つ抽象的機能に着目したものだ。確かに喜びや悲しみといったものは個別具体的なもので、たとえばシューベルトが抱いた悲しみはシューベルトだけのものであろう。だがそれがひとたび音楽となれば、抽象化された悲しみの表現に、われわれは自分の心の中にも共鳴する響きを聞きつけて、共感するのである。

一方で、音楽が普遍的だというのはまやかしだ、音楽で世界がひとつになるなんて言うのは能天気な音楽家のたわごとだ、なにしろそれぞれの音楽には文化的コードがあって、その文化的コードをまず学習しないことには理解など不可能なのだからという考え方もある。これは抽象化する作業の過程に着目した考え方で、確かに、シタールの一弦の響きがどのような心の動きを現したものなのか、それなりの学習を経なければなかなか理解は難しいだろう。

いずれも両極端な考え方だが、共通する、あるいは類似した体験がなければ共感はないだろうし、体験を共有していてもそれを理解するための文化コードが共有されていなければ、表された音は理解が難しいだろう。

幸か不幸か、現代世界は西洋世界が発展させ、洗練させてきた音楽語法が覇権を握っているので、文化コードについてはおおよそ共有されていると見て良いだろう。ごく大雑把に言えば、上昇していく音型は気分の高まりだし、不協和音があればそれは何ごとか、よろしくないことが表されているのである。

では、作曲家が、抽象化された感情などではなく、完全に個別具体的な、たとえば恐怖や苦しみを表したい時はどうすればよいのだろうか。

アルノルト・シェーンベルクは晩年に心筋梗塞を起こした時、心臓に直接注射を打ち込まれた。その時の感覚を弦楽三重奏曲で激しいえぐり込むような不協和音で表したというが、そう説明を受けなければ「なるほどこれが心臓への注射の感覚か」などとは誰もわからないし、そもそもシェーンベルクはそんなものを表し、人に伝えるために音符を書いたのではない。ただその時の経験を作曲に活用してみたというだけのことである。

そんな迂遠な方法をとらずとも、簡単な方法がある。転んだから痛いと言いたいなら、転んだから痛いといえば良い。それは音楽でも同じことだ。

マレ（Marin Marais 1656～1728）という人も、人生最大の病苦に挙げられる膀胱結石に苦しんだらしい。これはその痛みの割には（余程のことがない限り）命に別条はないから、他人の同情を買えないという点では通常の病気よりたちが悪い。鎮痛剤に頼りつつ痛みにのたうち回っているうちにそのうち石は出てくるし、石が大きすぎれば手術である。尿道からカテーテルを突っ込んで、強制的に取り出すのだ。現代では超音波で粉砕するという洗練された手術法があるが、マレの時代には、この手術自体がさらなる苦痛を強いるものだった。おそらく、そのあまりの辛さのためだったのだろう、なんとしてもこれを楽譜に書き残そうとした。音では足りないので、その手術の恐怖そのものを、音楽とともに語らせた。ヴィオール曲集第5巻に収められた「膀胱結石切開手術図(Le tableau de l'operation de la taille)」(YouTubeで検索可能である）こそ、その記録である。

音楽は、激しい不協和音に慣れた現代人には物足りないものの、それでも手足を縛り付けられ、手術を受ける患者マレの不安と恐怖を表すのに余りある。そこにセリフが加わる、「ああ、あの器具が近づいてくる！　いよいよ切開するのだ！　もはや声も出ない！　血が流れる！」。

しばらくセリフが途切れるが、その間のヴィオールの音楽こそが、言葉にならぬ苦痛と絶望と、諦めとをあますことなく描写し尽くしている。そして「取れた！」という声とともに、音楽は明るい調子へと変化する。それだけを聴けば何の変哲もない中世音楽らしいロンドであるが、前半の苦悶を知っている人には、天上の音楽であると認識できるだろう。これは大げさに言っているのではなく、筆者は鎮痛剤を噛み砕きながら本稿を書いているのである。

チャイコフスキー 交響曲第六番ロ短調「悲愴」

●東京大学音楽部管弦楽団
●第83回定期演奏会
●1998年1月16日
●サントリーホール

ペテルスブルグにコレラが蔓延していた1893年、10月のある朝、作曲家は不機嫌な表情で朝食の席に着く。しかし、彼には厭わしくて仕方がないのだ、日差しも、輝く食器も、染みの付いたテーブルクロスも、下級役人のようにどきまぎしながらパンにかじりつく弟の姿も。もっとも、なによりも彼を苛立たせるのは彼自身の人生の記憶なのである。それは何と呪わしく、不吉の欲望に翻弄された人生であったことだろう。

医者であり、作家でもある友人のチェーホフはこう言って彼を慰めたこともあった。「なに、ピョートル・イリイチ、あなたはただペシミズムの発作を起こしているだけなのです。あなたが第五交響曲で語ったように、我々は、生きなければならないのです。それがどんなに悲惨であれ、我々は生きるべきなのです……」

なんとチェーホフは楽観的だったことだろう。彼は作曲家が抱える苦痛など想像もできないのだ。

作曲家は昔、賭けをしたことがある。冬のヴォルガ河に身を浸し、肺炎にかかるかどうか試したのだ。もしも神がロシア正教の教え通り、ソドムを滅ぼした同性愛を憎む神ならば、必ず自分を肺炎にかからしめ、地獄の業火で身を滅ぼしたはずであった。しかし彼は賭けに勝った。彼はその勝利を第四交響曲、そして第五交響曲で謳いあげた。

だが今は、こう考える。地獄の業火が一体何程だろう、醜聞におびえながらそれでも欲望に引きずられる悲惨な人生に比べれば！

打ちひしがれた作曲家は甘い記憶に身を委ねてみる……小さなコーテク、輝く金髪の凛々しい少年、彼は17歳と8カ月、憂いのない美しい横顔を私は飽かずに眺めたものだ……私はしっかりと彼を包み、抱きしめ、守っていた。彼は鼻の先が寒いと言った。私は彼のその可愛い鼻を暖めようと手袋をしていない手で彼の毛皮のコートの襟をずっと押さえていた。手が凍えて痛くなった。しかしそれは同時に彼のために苦しんでいるのだという甘い感情を私にもたらしたのだ……。

　だが、それらの記憶は全て今作曲している第六交響曲に全て書き写されているのだ。甘い記憶も、苦しい記憶も。全て楽譜に表現してしまったのだ。

　もしかしたら、自分は人生の全てを作曲してしまったのかもしれない。と作曲家は考える。

　もしもそうならば……一体、どんな標題をこの自分の全てと言いうる交響曲に与えられるだろう？

　テーブルの上には読みさしの詩集が置いてある。シェークスピアのソネットであったが、何気なく目をとめた一節が彼の心を再び暗くする。「私は自分の書いたもので恥をさらした。つまらぬものを愛すると、君もそうなるだろう。」

　彼は気分を変えようと、思いきって弟に相談してみる。

「僕の今度の交響曲なのだが……これは標題を必要としているのだが、その意味は絶対に、誰にもわかってはいけないものなのだ……悲劇的という標題を考えたが、それは客観的すぎる。主題は、もっと主観的な体験に裏打ちされているのだ……」

　おずおずと話す作曲家の言葉を聞きながら、愚鈍そうな目をした弟はバラのジャムをたっぷり塗ったパンを頬張りながら答える。

「兄さんが言いたいのは、つまり、悲愴ってことだろう⁉」

　作曲家の脳髄を「悲愴」という言葉が雷のように貫いた。悲愴とは、なんと甘く、切ない言葉だろう！

「そうだ、モデスト、悲愴だ！」

　作曲家はわけもなく楽しい気分になり、今一度、賭けをしてみようと思った。もしも彼がまだ神に望まれるならば、彼は生きるだろう。そうでないならば、彼は神の意志により、死ぬであろう。作曲家は快活に笑った。

「私は、私の欲望以外の全てを神に委ねてきた。今一度、神に問おう。私は、生きるべきか、死ぬべきか」

　作曲家はフィンガーボウルの、井戸から汲み上げられたばかりの生水を飲み干した。モデストは驚いて作曲家を見つめている。

「何、私は死なないさ。コーテクがいるのだ。死ぬわけにはいかないのだ……」

　翌11月6日、ピョートル・チャイコフスキーはコレラで死んだ。

ベートーヴェン　交響曲第九番

楽聖は耳が聞こえなくなっていた。ピアノの足を切り、地面に直接接地させて、脳髄に振動する波動でもってようやく和音を類推しながら、それでも曲を作り続けていた。

楽聖は貧困にも悩まされていた。彼が作る音楽はあまりにも新しすぎて、売れなかったのである。なにしろ、楽聖が作り出そうとした音楽は、サロンで貴族たちがBGMとして楽しむ音楽ではなく、聴衆をコンサートホールに正座させて、音楽という言語をもって楽聖の思想を開陳するという前代未聞の企みだったのだ。

その試みは失敗続きだった。「運命」に対峙する人間の姿を描いても、「田園」のなかで安らぎを得る人間の姿を描いても、心躍る舞曲を描いても、聴衆の反応はイマイチであった。

楽聖は、世界から拒絶され、自分一人の世界へひきこもる。どうせ世界が私の声に耳を傾けないのならば、私は、私の声が私自身を表しているかどうか、そこを突き詰めたい、というわけである。

ベートーヴェンの傑作かつ難解な作品として名高い後期ピアノソナタや、「大フーガ」を代表とする弦楽四重奏曲がこの時期の傑作である。

だが、そんなベートーヴェンにも、お呼びの声がかかる。厳冬に閉ざされていた窓を、春の訪れを告げるツバメが、コツコツと叩くのである。それは、交響曲の作曲依頼であった。

楽聖は自らの死期が近いことはうっすらとわかっていた。この申し出を受けたとき、楽聖は自分の全人生を要約するような曲を作ることを考えた。

自分の人生はいつ始まったのか？それは、生まれた時ではない、作曲家ベートーヴェンは作曲家を志した時に始まったはずだ。ではなぜ作曲を志したのか？それは作曲をせず

にはいられぬ程の衝動に身を突き動かされたからだ。では何に突き動かされたのか？　それは、14歳の頃、シラーの詩に出会った、あの時からではないか？　あの時に、自分の人生は決定づけられており、あの瞬間を取り戻すために私はこれまで回り道を経てきたのではないか。

「喜びよ、……全人類よ共に抱き合おう……」

かつて発作のように若き日のベートーヴェンを襲った、シラーの熱情が、老いて耳も聞こえぬ楽聖の心を再び燃え上がせる。

なるほど、若い頃には、生きていることが、そのまま、美しく素晴らしいことだと思っていた。

ルートヴィヒ・ヴァン・ベートーヴェン

だが、今になってわかる。生きていることは、それがなんであれ、美しく素晴らしいことでならねばならないのだ。なぜならば、そうならねばならぬからだ。

なんでこんな単純なことをわかるのに、人間は人生を無駄に費やさねばならないのか。

楽聖は静かに楽譜を書き進める。そこには、人類が到達しうる最高の至福の喜びが歌われている。

「ああ、全人類よ、共に抱き合おう！」

それは、人類が初めて耳にする、悩み苦しみのたうちまわる生の姿そのものを称揚する、志向の聖歌であり、生きているということの歓喜の爆発である。無分別な愛の椀飯振舞である。これほど無尽蔵な愛の謳歌がかつて地上に存在しただろうか。今や、歌が喜びを歌うのではない。喜びが歌を謳うのである。

ところで、ヒトラーとスターリンが独ソ不可侵条約を結んだとき、その記念式典でこの曲が演奏されたことは歴史の神による皮肉であろう。

コンサートのための解説

シェーンベルク　弦楽六重奏「浄夜」

アルノルト・シェーンベルク（1874〜1951）は、ドイツ・ロマン派最後の光芒であり、無聴音楽の始祖である。19世紀の扉を閉ざし、20世紀音楽の扉を開いた重要な作曲家である。

　この弦楽六重奏はシェーンベルク25歳の折に書かれた、むせ返るような抒情と激情、愛の苦悩と極限的な赦しに満ちた、まさにドイツ・ロマン派音楽が腐り落ちる直前の爛熟しきった音楽である。その書法はワーグナー、ブラームス、マーラーらに影響を受けつつ、ワーグナー的半音階が多用され、時には調性を失いかねない場面も現れるが、それによってかえって音楽は混乱するのではなく、喜びと苦悩との間を揺れ動く情感の世界を描き尽くす効果を得ている。

「浄夜」は詩人リヒャルト・デーメルの同題の詩に霊感を受けて作曲されており、実質的には標題音楽としての性質を持っている。次に掲げるのがデーメルの詩である。

二人の人間が葉の落ちた寒々とした森のなかを歩んでいる。
月は厚みをともにし、彼らは月に見入る。
月は高い樫の木の上にかかり、
一片の雲さえこの天の光を曇らさずにいる、
その光のなかに黒い枝が達している。
女の声が語る。
私は子供を宿しています。でもあなたの子供ではありません。
私は罪を背負ってあなたのお側を歩いています。
私はひどい過ちを犯してしまったのです。
もはや幸福があるとは思いませんが、

でもどうしても思いを断てなかったのです、
生きる張り合い、母親の喜びと義務を。
それで思い切って身を委ねてしまったのです、
身震いしながらも、
私は見知らぬ人に我が身をまかせてしまい、
そんな自分を祝福さえしたのです。
今になって私はあなたと、ああ、あなたと巡り合ったのです。

アルノルト・シェーンベルク

彼女はこわばった足取りで歩く。
彼女は空を見上げ、月はともに歩む。
彼女の黒い眼差しは光の中に溺れる、
男の声が語る。

きみの授かった子供を、
きみの魂の重荷にしてはならない。
見たまえ、この世界がなんと澄んだ光を放っていることか。
万物が輝きに包まれている。
きみは僕と共に冷たい海の上を渡っていく、
だが不思議な温かさがきらきら輝きながら、
きみから僕へ、僕からきみへ行き交う。
きみはその子を僕のため、僕の子として産んでおくれ。
きみはこの輝きを僕に運び、
きみは僕をも子供にしてしまったのだ。
彼女の熱い腕に手を回し、
彼らの吐息は微風のなかでまじりあう。
二人の人間が明るい高い夜空のなかを歩いていく。

詩が五部に分かれているのに対応して、音楽全体も五つの部分から成っている。

まず、二人の人間が、冬の夜の森を歩く姿が描かれるが、二人を照らす月明かりはあくまで冷たく鋭い。沈黙のうちに歩み続ける二人の心のなかには、逡巡と苦悩と不安と愛憎が渦巻いている。やがて、絶望とも歓喜ともつかぬ感情の高ぶりと共に、女が語り出す。かつて自暴自棄になり、見知らぬ男の子どもを身ごもっていることを告白するのであ

る。この場面では母親となる歓喜と、それが今眼の前の愛する男への裏切りになっていることへの絶望があい混じり合って、複雑な音楽空間を形成する。やがて音楽は静まり、二人の人間が再び沈黙のうちに森の中を歩く様子が描かれる。そして、沈黙の果てに、ついに、男が語り始める。それはこれ以上はないくらい、優しさと寛容に満ちた音楽である。すべての過去を赦し、過ちを犯した過去をもひっくるめて女を愛そうという、人間離れした高貴な精神である。そして、二人はまた歩んでいく。もはや月は冷たいだけなのではない。月は二人の行く手を明るく照らしている。もはや森は黒いだけなのではない。それは二人の人間の心と心が密やかに通い合う閉ざされた空間なのだ。

だが、このような赦しの物語は、現実的であろうか?

　ここで、男が語る言葉は慈愛と包容力に満ちている。脳天気なほどの楽観である。だが、これほどの楽観的な人間像は、リアリティをもって我々に迫ってくるだろうか。

　シェーンベルクが行ったのは音楽によるデーメルの詩の批評である。言葉が限界を迎えたところから音楽は始まる。確かに音楽は詩に即して五部に分かれているが、詩のように、女の心理描写があり、それから男の心理描写が為されているのではない。

　女が自己嫌悪と母親となる喜びとの間で身を引き裂かれ、愛する男に捨てられることも覚悟して、ついに告白するときに、それを聞く男の心もずたずたに切り裂かれている。激しい苦悩の旋律は、女のものであると同時に、男のものでもある。

　むしろ、この詩と音楽は全般にわたって、男の苦悩を描いているとさえ言っていい。愛は自分の内部から湧き上がるというよりも、いずこからともなく襲いかかってくるものであり、自分の理性の力では決して制御できない。理性では決して赦せないことをすら赦すことが愛という経験であり、そこにこの世の絶望も歓喜も同時に存在する。

　人間は結局、愛なしに生きることはできないが、同時に、愛によって死ぬほどの深手を負うのである。そして、愛によって与えられた致命傷をすら愛すること、死を愛すること、運命を愛すること、これ以外に愛の苦悩の救済はないのだ。

　果たして、男の言うように「その見知らぬ子は浄められた」のだろうか。この二人は、今や、冷たい月の光ではなく、柔らかい温かい光の中で歩いてゆき、やがて朝を迎え、昼を迎えるだろうが、その時、まだ「浄められた」状態なのだろうか。

もしそうだとすれば、それは単なる家庭的喜劇ということになるだろう。だが、人間はひとつの信念を持ち続けることなど到底できないし、時間の経過とともに、かつての想いも変質せざるをえない。この夜に男が到達した赦しの想いもいつまでも続くわけではない。やがて自分の子どもではない子どもを疎んじ、そういう女のふしだらな過去を憎むようになるだろう。かつて愛したものが今度は憎悪をかきたてる原因となるだろう。愛とは本質的に悲劇的な出来事なのだ。

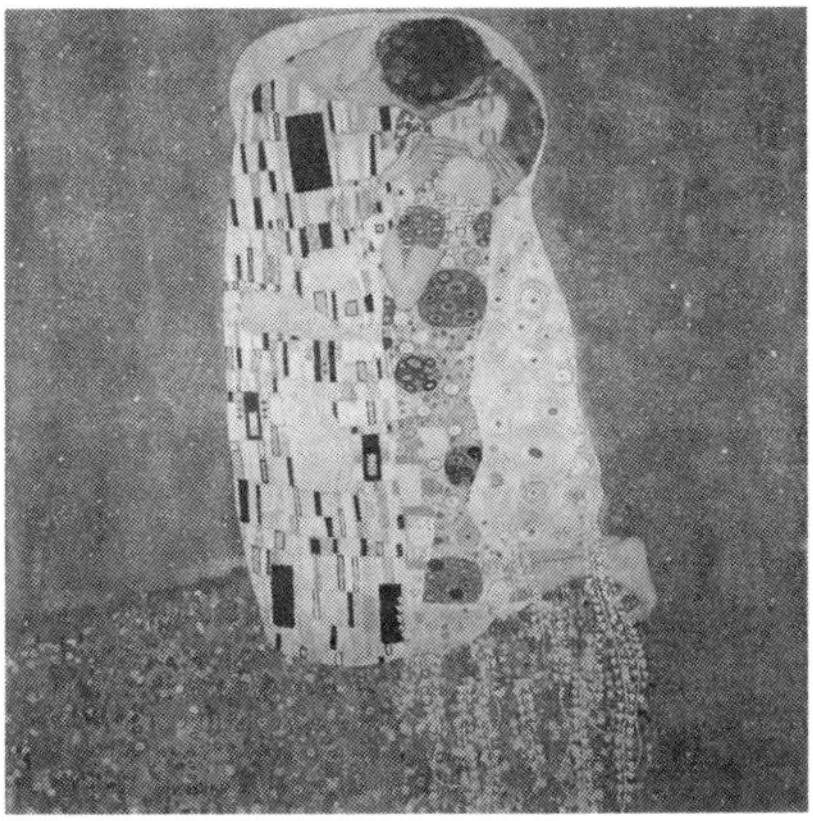

「浄夜」のCDジャケットに使われることが多い絵画「接吻」（G・クリムト作）

我々は永遠ということを言うが、それは我々は永遠ではない存在だと知っているからこそ、永遠を夢見るのである。その不可能への挑戦のために、我々は瞬間の中に永遠を見出そうとする。「瞬間よ、とまれ、お前は実に美しい」というファウストのセリフ、これこそがドイツ・ロマン派の心臓である。あるいは、「私はかつて永遠でした。そして今もまた永遠なのです」と、英雄ジークフリートに語りかけるブリュンヒルデのように、我々が経験するのは、現在だけである。過去はすでに手元にないものであって、未来は本当に訪れてくれるかもわからない。すると、はかなくも永遠を信じる現在しか、我々にとって確かなものはない。

確かに、この夜に二人の心は浄められ、そしてそれが永遠につづくことを信じきっている。そこに人間の悲劇もまた存在する。永遠を信じる愛が、やがて喪われることを分かっているからこそ、この瞬間はその分だけ、却って崇高な美しさを得る。それが、この物語を聞く我々が看取する美である。そして、我々一人ひとりが抱く愛も、やがては何らかの形で終焉を迎えるという苦さと、それゆえの甘美さに溺れていくのである。

すべての音楽は、物語は、つまるところ、ただひとつの愛の物語であり、絶望と歓喜の物語に過ぎないのだ。

モーツァルト ディヴェルトメントK．136

●DEN STRING ORCHESTRA
●2013年6月23日
●トッパンホール

前半二曲は二人の天才作曲家が十代の折に書いた、屈託のない、明るい曲である。

ウォルフガング・アマデウス・モーツァルト（1756〜1791）は、円熟するということがない。彼は生まれてから死ぬまで、ずっと天才モーツァルトであった。

16歳の時に書かれた本作「ディヴェルトメント」には、その早すぎる晩年にまで共通する、魂の素直な躍動が満ちている。シューマンはモーツァルトの音楽を評して「どんな暗い世の中でも明るさと戯れをふりまかずにはいられない天使のいたずら」と評したが、この曲にはまさに生きていることそれ自体を喜びと感じられるような人間にしか書けない、底抜けの、混じり気のない純粋な喜びが溢れかえっている。

なお、「ディヴェルトメント」は通常、「嬉遊曲」と和訳されるが、要するに「難しいことを考えずに、素直に心をゆだねて聴けば良い音楽」という程度の意味である。

第一楽章は、春の朝の日差しのように屈託なく始まる。途中、その日差しにはかすかに翳りも生じるが、それも結局、明るく復活する最初の主題をさらに生き生きと感じさせることになる。

第二楽章は比類ない美しさを持つ、ゆったりとした楽章で、ここにはモーツァルトが後に書くオペラの原型がすでにこめられている。それは、心の底から静かに湧き上がる、生きている喜びと感謝の旋律である。

いたずらっぽく始まる第三楽章は「嬉遊曲」の名にふさわしく、あからさまに喜びが疾走する。生命力にあふれた音楽は休みなくめまぐるしく動き続け、輝かしいきらめきを放ちながら全曲を終える。

コンサートのための解説

メンデルスゾーン 弦楽交響曲第五番

● DEN STRING ORCHESTRA
● 2013年6月23日
● トッパンホール

生涯、金に苦労したモーツァルトとは異なり、同じ早熟の天才であるフェリックス・メンデルスゾーン（1809〜1847）は、大富豪の家に生まれた。幼少から作曲の才能を示したフェリックスのために両親は私的にオーケストラを雇い、息子がオーケストラ曲を作曲したらすぐにそれを演奏できる環境を整えた。この恵まれた環境を活かし、メンデルスゾーンは10歳頃から15歳頃にかけて、13曲の弦楽交響曲を書いている。そこではさまざまな実験的な技法、着想が試されており、この自由な作曲経験が後の傑作「スコットランド交響曲」「イタリア交響曲」などに結実していくことになる。

とはいえ、12歳頃の時に作曲された本作は単なる習作にとどまらず、少年メンデルスゾーンでしか描きえなかったであろう、天真爛漫さと優美に満ちている。

第一楽章は明るくたくましい主題で始まり、対位法を駆使しつつ休む間もなく突き進んでいく。時折、聴衆を驚かせる意外な展開もあり、いたずらを仕掛けて喜んでいる少年メンデルスゾーンの顔が思い浮かぶほどである。第二楽章は落ち着いた、優美な音楽が奏でられる。わずか12歳の子供がこれほど繊細な世界を持ち、表現していることには驚きを禁じえないだろう。第三楽章は、モーツァルトの曲と同様、激しい喜びの爆発である。音楽は駆け回る子供のように、元気よく進んでいくが、最後はふっと、肩すかしを食わせるかのように、小さな音で終わる。これも子供らしい遊び心と言えるだろう。

二人の天才が子供時代に描いたこれら二曲は、死など心配せず、将来に希望を抱ける年代の美しさそのものである。そんな時代をわれわれ大人は、もはや戻ることもかなわないという憧憬とほろ苦さとともに思い出すのみであろう。

コンサートのための解説

シューベルト
弦楽四重奏第十四番「死と乙女」

● DEN STRING ORCHESTRA
● 2013年6月23日
● トッパンホール

フランツ・シューベルト（1797〜1828）もまた夭折した天才だった。後半は一転して、死を意識せざるを得ない大人の世界である。

人はすべて死ぬ。必ず死ぬ。そんな簡単明瞭なことを人間はなかなかわからない。いや、わかりたくない。

芸術家と呼ばれる人間は、単に技術に長けた人間ではない。その心に「自分はやがて死ぬ」という切実で狂おしく悩ましい問題を抱えた連中は、死など忘却して脳天気に暮らしている人間の喉元に、貴様も必ず死ぬのだという現実を突きつけずにはいられない、魔的な情熱を秘めている。

シューベルトは美しい旋律を保つ歌曲の数々によって有名だが、そこで多く歌われるのはこの世に居場所がない青年特有の魂であり、失意のうちに世を去る哀しみであり、死に平安を見出さざるをえない心のゆらぎである。

シューベルトは、歌曲「死と乙女」を作曲した時に、「いやよ、こっちへ来ないで、私はまだ若いの！」と拒絶する乙女に対し、近づく死神のセリフに、恐ろしくも甘美な旋律を与えた。「乙女よ、怖がることはない。私がお前にもたらすのは平安なのだよ」と。この死神のセリフに付された旋律が、第二楽章の主題であり、本曲が「死と乙女」と呼ばれるゆえんである。

シューベルトがこの「死と乙女」の旋律を中心に、全楽章が短調という異様な弦楽四重奏を書いたのは、1824年頃、それから3年後、シューベルトが敬愛する大作曲家ベートーヴェンが死んだ。ベートーヴェンの葬儀に参列したあと友人たちと居酒屋に繰り出したシューベルトは酔いつぶれ、「次に死ぬ者のために乾杯！」と叫んだ。シューベルトが死んだのは翌年のことである。

80年ほど時を経て、ある作曲家に

して指揮者がシューベルトのこの作品に感動する。彼もまた死に取り憑かれていたからだ。そして、これは弦楽合奏に編曲すべきだと決意する。グスタフ・マーラーは単純に演奏する人数を増やすのではなく、この恐るべき力を持って迫ってくる死と、だが今、実際にわれわれが生きているという喜び、これが絶え間なく交錯する「死と乙女」の世界を、極めて細かい楽想・演奏指示、弱音器の使用指示を加えることによって、原曲よりもはるかにドラマチックなものにした。いまや、その死そのものの足音がコンサートホール全体に響き渡る。

死に取り憑かれた二人の偉大な作曲家の心が時空を越えて感応して生まれた合作、それが弦楽合奏版「死と乙女」なのである。

曲は四楽章構成だが、第三楽章は第四楽章への導入的性格が強いため、実質的には本曲は三部構成、すなわち、激しい情念が渦巻く第一楽章、「死」の変奏曲である第二楽章、死へと追い立てられていく第三、第四楽章という、第二楽章を中心としたアーチ型構成（急―緩―急）として捉えると全体像が把握しやすいだろう。

第一楽章は激しく悲劇的な第一主題で始まり、不安かつ不穏な音楽がデモーニッシュな推進力をもって展開されていく。第二主題は対照的に穏やかでシューベルトらしい、歌曲を思わせる優美な旋律である。音楽はこの二つの主題が激しくせめぎ合いながら展開していく。

第二楽章こそ、本曲の中心である。死神の「私の腕の中で穏やかに眠りなさい」という旋律を主題とする変奏曲であるが、変奏されていく中で死に怯える乙女の心や、逃れられない死という厳しい現実、苦悩から逃避して見る美しい白昼夢など、死をめぐる人の心の動きが余すところ無く描かれていく。そして最後には、死神の腕の中で安らかに眠るのである。

第三楽章スケルツォは、目を覚まさせるような激しい三拍子のリズムで始まり、死は優しくなんかなく苦しくつらいものだということを思い出させる。中間部は夢見るように優美だが、それもまた冒頭の激しい音楽で断ち切られる。

第四楽章は何かに追い立てられるように終始気ぜわしく、感情の起伏も極めて激しい。破滅へと足を急がせるような音楽は突如として得たいのしれない高揚感に包まれ、あるいは悪魔的な展開を見せる。そして音楽はほとんど狂乱のうちに、最強奏で終わりを告げる。

コンサートのための解説

グラス ヴァイオリン協奏曲

● POST KOMABA ORCHESTRA
● AUTUMN CONCERT "Look back on 20th Century"
● 2002年9月23日
● 大田区民ホール・アプリコ 大ホール

二十世紀の歴史がそうであるように、二十世紀の音楽の歴史も複雑であり、そして絶望的である。マーラーが切り開いた道を、シェーンベルク、バルトーク、ショスタコーヴィチといった偉大な作曲家達が歩んでいったが、二つの世界大戦、とりわけアウシュヴィッツとヒロシマが音楽にも暗い影を投げかけた。哲学者T・アドルノが指摘したように、「アウシュヴィッツ以後、詩を書くことは野蛮である」、なぜなら、アウシュヴィッツとは理性によって為された虐殺なのであり、そうした理性への批判なしに能天気に詩を書くことは罪とさえ思われたのである。ここで言う詩は、文化一般を指しており、当然音楽も指弾されている。

つまり、作曲家達は最早、思想とは無縁でいられなくなった、というわけだ。音楽は何か思想的なメッセージを込めていなくてはならず、人間の理性を告発したり、人類の共生を訴えたり、簡単に言えば、左翼思想を体現したものでなくてはならなくなった。

大衆文化の発達と共に、いわゆるクラシック音楽というジャンルはそのマーケットをジャズやロック、ポップスに次々と奪われていく一方だというのに、「現代音楽」というものは何か小難しく、何か高級な思想が表現されているらしいが、とどのつまりは不可解で、耳障りにしか思われないようなものが大量生産されていった。伝統の破壊こそが新しく、独創的なのだと考えられ、ジョン・ケージは「沈黙の音楽」を提唱し、クセナキスは五線譜に橋の図面を書いてみた。そしてその結果、大まかに言って、クラシック音楽はますます愛されなくなっていった。もちろん、ごく少数ではあるが、熱烈な愛好者や支持者もいることを大急ぎで付け加えなければならない。

さて、こうした途方もない現代音

楽の思想的混乱、絶望的混沌の中で、新しい動きが出てくる。それが、スティーブ・ライヒや、本日演奏されるフィリップ・グラスに代表されるミニマリズムである。六十年代から七十年代、様々な左翼運動が活発化した時代であるが、この頃にアメリカを席巻した「反近代」の思潮の中にミニマリズムという思想も位置づけられる。それは簡単に言えば、余計なものはとことん排除する、ということであり、シンプル・ライフなどという運動もこのミニマリズムの亜種と言えるだろう。ミニマリズムの影響は、服飾、建築、絵画、デザイン等、広範に渡っている。

　音楽におけるミニマリズムとは、旋律を拒否し、音楽の最小の構成単位、つまりリズムと和声のみによって音楽を作り上げる、という、理念としては先鋭なものだ。事実、初期のミニマリズム作品の特徴は、単純な和音やリズムを延々と反復することにあった。本来だったら五分で終わるべき曲を平気で、繰り返しのみで五十分に引き延ばしたりもする。すると不思議なことに、聴いているうちに催眠状態にかかり、トリップする人間まで出てきたりして、こういうコアなファン達は後にはテクノ・ミニマルという、一家を成すジャンルを作り上げた。ひょっとしたら本日の演奏会にも、テクノ関連の興味があって来場された方もいるかもしれないが、少々失望させることになるかもしれない。それ以外の方にとっては、少々安心できることではあるが。

　初期のグラスも、もちろん、延々と繰り返しの続く曲を書きまくっていた。延々と、何時間でも同じ和音、リズムを繰り返していたものだ。この頃の代表作がオペラ「波打ち際のアインシュタイン」であり、実質的なデビュー作でもある。これは五時間近くも分散和音を繰り返すという、絶望的にミニマリスティックな作品であった。とはいえ、グラスは禁欲的なミニマリズム、つまり延々と同じことを続けるような模範的ミニマル音楽から、だんだんと音楽表現の幅を広げていく。つまり、一旦は放棄した「旋律」や「ドラマ性」へと、再び向かっていくのである。おそらくこれは、グラスが舞台音楽や映画音楽に深く関わっていたことも影響しているのだろう。こうした「ドラマ性を持ったミニマリズム」あるいは「拡大したミニマリズム」という傾向は、ガンジーを主人公にして全編サンスクリット語で歌われるオペラ「サーティヤ・グラーハ」や、そしてこのヴァイオリン協奏曲に結実している。もちろん、こ

れを堕落と呼ぶ人もいるが、普通の聴衆にとっては偉大なる堕落であろう。なにしろ、ドラマ性を取り戻したおかげで、強烈なドライヴ感を生み出す明確なリズムと和声とが、聴く者を否応なく感情の昂ぶりへと駆り立てていくのだから。

　結局、人の心を動かすことができるのは人の心だけなのであり、グラスの音楽は、この曲に限って言えば、余計な思想性やらメッセージ性を排除し、必要不可欠な最小単位として、人間の心、喜びもし、悲しみもする、不断に揺れ動く人の心を抽出することに成功したのである。

　あるいは、こうも言えるかもしれない。現代音楽というものが一般的に、病める魂、絶えず落ち着かない魂の呻き声、不眠症的な思想的緊張、思想というよりはむしろ曖昧な苦痛による叫び声であるのに対し、グラスのこの作品は、思想やイデオロギー、実験音楽、観念的苦痛といった余分な要素を排除し尽くして、知性という病毒に犯された魂とは無縁の、憂いを感じはするが結局は健康で、無垢の心の輝きを獲得することに成功したのだ、と。

「僕は1965年（インド人のシタール奏者ラヴィ・シャンカールに出会い、ミニマリズムを始めた年）に一旦は放棄したものを、いま、僕なりのやり方で、もう一度やり直そうとしているんだ」とグラスは語っている。

「この曲はドラマ性を持っているし、同時に個人的な感情も秘めているんだ。独奏ヴァイオリンは、いわば僕自身の分身だ。独奏楽器が喜びや、悲しみといった経験をくぐり抜けていくにつれて、聴衆も、まるで演劇の主人公に感情移入するように、独奏楽器と一体感を持つようになるだろう」

第一楽章

　印象的な始まりと共に、独奏ヴァイオリンが華麗にアルペジオを繰り広げる。

第二楽章

　瞑想的・思索的な性格を持ち、ヴァイオリンが溜息のように憂愁に満ちた旋律を奏でる。

第三楽章

　推進力に満ち、ドラマ性にも溢れた楽章。終結部では一楽章が再現され、やがて静かに終息していく。

　なお、この曲はアメリカン・コンポーザーズ・オーケストラの委嘱により作曲され、1987年4月5日に同オーケストラ、独奏ポール・ズコフスキーによって初演された。

グラス
チェロ協奏曲（日本初演）

●POST KOMABA ORCHESTRA
●SPRING CONCERT
●2007年3月18日
●杉並公会堂大ホール

聴いたことがない現代作曲家の作品を初めてコンサートホールで耳にする場合、いったい何を期待するべきだろうか。心休まる美しい旋律、主題が交錯し展開していくベートーヴェンのような交響的ドラマ、あるいは、激しい舞踏だろうか。それとも、少し現代音楽を知っていれば、意味ありげな静寂と激しい不協和音の嵐を予期するかもしれない。

フィリップ・グラス

　現代アメリカを代表する売れっ子作曲家フィリップ・グラスの音楽に接するにあたっては、一切の心配は不要である。抒情性と舞踏的興奮に満ちた、現代作曲家としては例外的に聴きやすく、「わかりやすい」作曲家だからである。そしてそれが気難しい現代音楽愛好家から批判される所以でもあるのだが。

　フィリップ・グラスはジュリアード音楽院に学び、パリで名教師ナディア・ブーランジェに師事、同時期にインドの伝説的シタール奏者ラヴィ・シャンカールと邂逅してインド音楽の複雑なリズムに魅せられ、リズムという音楽の最小単位によって音楽を構築していく技法を学んだ。

　当時、彼の活躍の場は主に演劇の付随音楽であり、それもベケットやブレヒトの前衛不条理演劇であるため、それに似合った音楽を書く必要に迫られた。魅力的な旋律や美しい和声よりも、冷たく、機械的で無機質な響きが求められたのである。

　こうして、単調なリズムの反復、不条理なまでに展開のないミニマリズムと呼ばれる音楽が誕生した。グラスは自分の作品を演奏する専門家集団であるフィリップ・グラス・アンサンブルを組織し、画廊やロフトなど、従来のコンサートホールではない場所での演奏活動を始めた。そして、1976年、タクシーの運転手をしながら完成した記念碑的大作「渚のアインシュタイン〝Einstein on the Beach〟」を発表、前衛ミニマリズム作曲家フィリップ・グラスの名を不動のものとする。

　しかし、グラス自身は自らをミニマリズム作曲家であると認めたことは一度もなく、ミニマリズムという枠に自ら捕われずに、次々に技法を刷新していく。初期には不条理演劇付随音楽の作曲が多かったのだが、次第に作曲依頼はよりドラマ性のある、抒情的な映画音楽の割合が増えていく。三島由紀夫最後の日を描いた〝Mishima〟、人生のあり方を決定的に変えてしまう一瞬間を描いた「めぐりあう時間たち〝The Hours〟」、偽物の人生を生きさせられる男を描いた「トゥルーマン・ショー〝The Truman Show〟」といった映画音楽にかかわるうちに、グラスの音楽は抒情性を強め、音楽的カタルシスに満ちたものとなり、そしてそれと同時に、音楽の発表の場も、前衛らしく路上だとか美術館のロビーで行うものから伝統的なコンサートホールへと移行していった。現在までに8つの交響曲、ヴァイオリン協奏曲、ピアノ協奏曲が2つ、ハープシコード協奏曲にティンパニ協奏曲、そしてオペラ「サーティヤ・グラーハ」「アクナーテン」「ガリレオ・ガリレイ」などを発表しており、名実共に立派なオーケストラ作曲家となっている。

　だが、前期グラスと後期グラスとに共通するのは、ベケット劇を代表とする近代不条理演劇に触れて培われた、人間が生きるということはそもそも悲劇的なことなのだという感覚であり、生そのものの本質的空虚への鋭い意識である。それがグラス音楽の果てしなく繰り返される、ため息のような単調の嘆きの歌となっている。そして、グラスという人間

自体がそもそも持っている生のエネルギーは、舞踏曲という形で昇華されるのだ。

冒頭に書いたように、グラス音楽に接するのに、余計な心配は無用である。もちろん、ゴドーを待ちながらいらいらと腕時計を眺める必要もない。我々が初めて聴くグラスの曲に対して準備すべきものは唯一つ、喜怒哀楽に満ち、共感という能力を兼ね備えた、「人間」の心だけなのだ。

今回のチェロ協奏曲は2002年にチェロ奏者ジュリアン・ロイド・ウェッバーの50歳の誕生日を記念して書かれた。この曲では往年の前衛性は影を潜めており、我々はオーケストラが奏でる分散和音の中を突き進むチェロに同化し、身を委ねていれば自ずと、ニューヨーク的なシャープさとむせ返るような抒情性とが同居したフィリップ・グラスならではのドラマ空間を味わえるはずだ。

フィリップ・グラスは現在70歳でありながらもまだまだ創作意欲は衰えず、2007年には交響曲第九番、2008年にはヴァイオリン協奏曲第二番「アメリカの四季」の世界初演が予定されている。

第一楽章（約10分）

チェロの分散和音によるガデンツァで曲が開始すると、時にはめまぐるしい分散和音でドライヴ感たっぷりに疾走し、時に憂いを帯びたメロディーを切々と歌い上げる近年のグラスらしい音楽が展開する。

第二楽章（約15分）

ゆったりとした緩徐楽章であるが、主題が発展したり交錯するのではなく、一つの気分がひたすら繰り返される。だがそれは単なる機械的な繰り返しなのではなく、繰り返されるごとに微妙にニュアンスが異なっている。ここではグラスは憂愁を凝視している。そこではかつて明るかった目は曇り、あるいは夢見るように霞み、またあるいは密やかな嘆息となり、時には深い嗚咽へと変化していく。つまり、憂愁という感情の様々な側面が果てしなく思えるほどの反復の中で描かれていくのだ。

第三楽章（約7分）

第一楽章冒頭と同じ主題が回帰するが、すぐに音楽は躍動感を獲得していき、ついには変拍子を基調としたリズミカルな、輝かしい舞踏曲へと変化する。そして息もつかさぬ陶酔感あふれる舞踏のうちに全曲を終える。

マーラー
交響曲第五番

●POST KOMABA ORCHESTRA
●AUTUMN CONCERT "Look back on 20th Century"
●2002年9月23日
●大田区民ホール・アプリコ 大ホール

1901年の秋のある日、ウィーンの社交界の花形、当代随一の才媛であった二十一歳のアルマ・シントラーは知人から、一人の中年の小男を紹介された。この小男は作曲家で、その第一交響曲をアルマは聞いたことがあったが、最初から最後まで、まったく気に入るところのない作品だった。アルマは、しかし、やがてこの随分年の離れた作曲家を愛し、結婚することになるだろう。そしてさらに後には、十年足らずで死に別れた、愛すべき夫であり作曲家であった男の回想を書くことになるだろう、「マーラーの思い出」として。

アルマ・マーラーは、グスタフ・マーラー（1860〜1911）との交流の中から、我々がマーラーの音楽に近づく際に必要な情報を色々書き残してくれた。例えば、このような一節を。

彼の兄弟姉妹のうち、五人はジフテリアで、ごく幼いうちに死んだ。六人目に死んだのは男の子で、心臓水腫に長いこと苦しみ、十二歳で死んだ。マーラーはこのエルンストが大好きで、その病気の間は、ともに苦しみを分けあった。数ヶ月もベッドの側を離れず、倦まず話を聴かせてあげるのだった。その上、エルンストは盲目だった。エルンストは夢の中に生きていた。エルンストの目には、残酷な父親の尽きる事のない拷問をじっと耐えている母の姿は見えなかった。彼の父は、召使女の尻という尻を追いかけまわし、病身の妻を虐待し、子供達を鞭で打っていたのである。

他にも才能のなさに絶望して自殺した友人や、やはり作曲家を志したものの、もう人生には何の興味もない、と走り書きを残して自殺した実の弟がいるし、死にはしなかったものの、長い間マーラーを悩ませた妹

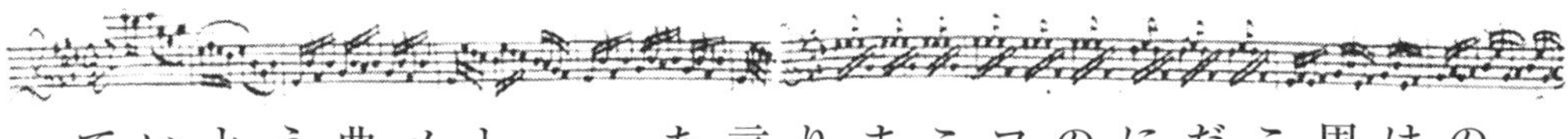

のユスティーネがおり、この女は少々頭がおかしく、ベッドの周りに蝋燭を並べて、死人ごっこを楽しむ趣味を持っていたのだ。また、友人の中には、才能には恵まれていたものの、世間の無理解から狂死した作曲家のフーゴー・ヴォルフなどもいる。このように、マーラーの人生はまさに死に彩られているのであり、死神が馬車を導く、という言葉はまさにマーラーのためにある、とさえ言えよう。

　ところで、グスタフ・マーラーの第五交響曲、この出だしがメンデルスゾーンの「結婚行進曲」の始まりと似ている、ということから、結婚とは葬送のことなのだ、と論を展開する面白い人がいる。結婚するにあたって「葬送行進曲」を書くのは別に不思議なことではない。日記を付ける習慣のある人間が、結婚前にそれまでの日記を焼き捨てるというのは月並みな配慮である。いわばそれまでの過去を火葬に付すわけだから、結婚は一つの死であり、再生なのだ、と言うこともできよう。

　だが実際には、第五交響曲の構想はアルマとの出会いの前に始まっていて、少なくとも最初の二つの楽章についてはスケッチが出来上がっていたのだから、結婚を控えて「葬送」を書いたとは言えまい。要するに、結婚を葬送と見る論者の結婚生活の悲惨さが浮き彫りになるだけであろう。

　アルマの回想が示すように、マーラーが過してきた、最も多感な時期である少年時代が死と苦悩に覆われていたことを考えれば、マーラーという作曲家が交響曲を「葬送行進曲」で始めることは、別に不思議ではないのである。実際、第一交響曲の第三楽章に「葬送行進曲」を置いているし、第二交響曲「復活」では、第一楽章が「葬送行進曲」で始まるのである。いわば、「葬送」というイメージは、マーラーにとっては非常に近しい、ごく当たり前の素材なのだ。

　注意しておかねばならないのは、これはマーラーという人間だけが、「死にとり憑かれていた」というわけではない、ということである。ヨーロッパについて、我々はともすると華美で壮麗なヨーロッパ文化を思い描きがちだが、それは皮相に過ぎず、そもそもヨーロッパ文化は、「人間」という言葉に必ず「やがて死すべき」という形容詞をつけることを忘れなかったギリシア人から始まり、中世の「汝死を忘るることなかれ（メメント・モリ）」という標語や、モンテーニュの「エセー」に代表される死の省察、あるいは、土俗化したキリスト教の奇怪な殉教崇拝、といった具合に、もともと死の影が蔓延しているのである。例えば、ルネッサンスの美術作品が端的に示すように、美や若さ、といったものを、ほとんど熱病のようにヨーロッパ人が求めてやまないのは、美術史家W・ペイターが指摘するように、それがすぐに失われ、やがては死に奪い去られることがわかっているからなのだ。

　さて、そうして至り着く十九世紀末から二十世紀初頭のヨーロッパ世界は、頽廃と懶惰《らんだ》を極めていた。画家達は裸婦ばかりを描き、ワイルドは耽美主義を標榜し、フロイトは人間の根源を性欲に求めた。ニーチェは「神は死んだ」と叫び、ショーペンハウアーは「この世界は我々の心が勝手に作り出した幻影に過ぎない」と説いていた。虚無感と刹那主義が社会を覆い、世界を収奪した白人達はいよいよ戦争の準備を始めていた。そして、小声ながら、西洋の没落が囁かれ始めていた。

　このような背景の中に、マーラーは立っている。いわば、最も精鋭な形で、マーラーという一人の人間の中に二十世紀初頭の時代精神、すなわち躁と鬱、葬送と祝祭、絶望と歓喜、諧謔と無垢な喜びとが宿っていたのである。自らがヨーロッパの歴史と伝統の申し子であることを自覚し、死と頽廃と没落の瘴気を胸一杯に吸い込んでいたからこそ、彼は自信をもって、「やがて私の時代が来る」と言えたのである。

　マーラーの交響曲第五番は五つの楽章からなっているが、これは大きく三部に分割されている。第一・第二楽章が第一部、第三楽章が第二部、第四・第五楽章が第三部となっており、各部ごとの旋律的・素材的な意味での関連は希薄である。これをもって「マーラーの精神分裂状態がよくわかる」などと言う向きもあるようだ。だが、ここでは異なった視点での見取り図を提供してみたい。

　この交響曲では、ベートーヴェンの第五交響曲、つまり、過酷な運命とそれに対する勝利というテーマとの親近性もあり、事実、一楽章では運命の動機が引用されているのだが、ベートーヴェンよりももっと、個人的な、内面的な要素が扱われている。

　簡単に言えば、ここでは、絶望、もしくはニヒリズムという、死に至る病に犯された人間が、苦悩を経て、やがて、マーラー自身が私生活上でも手に入れた幸福、つまりアルマと

の愛によって快復して、ついには生を謳歌するに至る、というドラマなのだ。

アルマ・マーラーはインタヴューでこのように語っている。

第五交響曲で新しいマーラーが始まります。ここで初めて、マーラーの自我と世界との激しい戦いが起るのです。……これまでとは全く違うやり方でこの世の因果律に立ち向かうのです。彼はもはや悲しまず、嘆いたりせず、立ち向かおうとするのです。この曲は空想ではなく、現実そのものなのです。

第一楽章はトランペットの凛烈なファンファーレで始まる、葬送行進曲である。葬送行進曲ではあるが、特定の誰かの葬列が考えられているわけでもなく、極端に言えば、我々の生そのものこそが葬送の行進なのだ。我々は死神に首根っこを押えつけられ、終わりへとひきずられていく。人生は緩慢な死であって、我々は常に死に歩み寄っているのである。だから、それに抵抗を試みたりもし、やがて来る死におびえ、嘆いたりもする。だが葬列は静かに、しかし確実に進んでいくのである。なお、当演奏会では連続して第二楽章に入る。

第二楽章では、ほとんど絶望的なほど、音楽は荒れ狂っている。「我々の生が結局死によって終わるのならば、結局、我々が人生で味わった労苦や苦悩はなんのためだったのか」、という思いにひとたび駆られると、人は虚無感に襲われるものだ。宗教や刹那主義に逃げても、死から逃れることはできない。死は全能なのだ。荒れ狂う死の猛威の中で、かつては、少なくともまだしも価値のあったもの、と思われた事物でさえも、もはや意味を失い、我々はただ、置き去りにされた赤子のように、途方にくれて涙を流すしかない。

ペストが猛威を振るった中世ヨーロッパの絵画（というより版画）では、「死の舞踏」というテーマが好まれた。農夫達が楽しそうに踊っている広場や、王侯貴族がご馳走を楽しそうに食べているまさにその中に、骸骨が踊ったり、料理を食べていたり、という絵である。この上ない喜びの最中にも死はすぐ隣に待ち構え、我々を捕まえようとしている、ということを示す絵であるが、第三楽章・スケルツォは、まさしく「死の舞踏」であると言えよう。あるいは、マーラー独特のイメージを想起するならば、彼が未完の第十交響曲の第三楽章に予定していた「煉

獄」という言葉をあてはめても大差はないだろう。煉獄とはあらゆる現世の素因が焼き尽くされる、地獄と天国の狭間のような世界であるが、要するに、そこではこの世の楽しみや喜びが生み出される側から焼き尽くされ、滅ぼされていくのだ。

　実際、この曲はウィンナワルツ風の、一見楽しげな雰囲気で始まるが、すぐに奇怪な旋律が乱入し、甚だしい場合には荒れ狂ってしまうのである。この曲について「次の瞬間には破滅する運命の世界を絶えず新たに生み出す混沌」と、マーラーは語っていたという。

　第四楽章は弦楽とハープのみで演奏される。この曲は愛する妻アルマへの愛の告白である、とする説が多いが、この曲の最初の清書がアルマによって行われたことを想起すれば、あながち否定はできないだろう。

　また、マーラーがこの交響曲の作曲途中に書いた「リュッケルトの詩による五つの歌」の第五曲目「私はこの世に忘れ去られた」の歌詞も付しておこう。この曲が第五交響曲第四楽章と極めて近しい雰囲気を持っていることを指摘することは無駄ではあるまい。

　私はこの世に忘れ去られた。私は世と共に多くの時を浪費したが、いまや世は私の消息を聞かなくなって久しい。私は死んでしまったのだ、と世は思うだろう。世が私を死んだ人と思っても、私にはどうでも良いことだ。またそれに反対することもできない。私はこの世から本当に死んでしまったから。世の騒音から私は死んでしまい、静かな所に安らいでいる。私はひとり、私の楽園の中に生きる、私の愛、私の歌の中に。

　ところで、この第四楽章がヴィスコンティの映画「ヴェニスに死す」で用いられた事実はあまりにも有名である。そこでは決してかなわぬ美への憧憬として、ほとんど絶望的なまでに甘美な音楽としてこの曲は使われていたものだ。だが、「ヴェニスに死す」よりも、その原作者であるトーマス・マンの代表作「魔の山」の末尾のほうがこの曲にはふさわしいだろう。すなわち、

　君は……死と肉体の放縦との中から、予感に充ちて愛の夢が生れてくる瞬間を経験した。はたして、この世界を覆う死の乱舞の中から、雨の夜空を焦がしているあの恐ろしい熱病のような業火の中から、そういうものの中からも、いつかは愛が生れ

出てくるのであろうか？

左様、死と絶望のまさしくそのさなかから、いまや愛そのものが、虚無の宇宙を満たすべく、玲瓏と響き始めるのである。

マーラーは夏の休暇をアルプスで過し、閑静な作曲小屋にこもって作曲をしたが、この時作曲小屋に入るのを許されたのはカントの全集とバッハの譜面だけであったという。カントはともかく、第五楽章・フィナーレに随所に織り込まれたフーガの技法はマーラーのバッハ体験が存分に活かされていると言えよう。

この楽章は前楽章と連続しており、牧神の角笛の如きホルンののびやかな音で始まり、全体を通して溌剌として、喜びに満ちている。朝の光が差し込むように始まり、今や苦悩と不安と懐疑の夜は去り、日輪は赫奕と昇り、世界は喜びに包まれる。

この終楽章は、「生は輝きに満ちている」、まるでそう自分に言い聞かせるかのように、力強く、断言的に「勝利と喜び」のフィナーレを迎える。この曲は、そのように終わる。

だが、余談ではあるが、マーラー自身が、そのような結論に疑いを抱くのはそう遠いことではない。次の作品、交響曲第六番は「悲劇的」と名付けられており、そこでは「運命に挑む英雄がついには力尽きて息絶える様子」が描かれるのである。

そして、マーラーが、死の間際までこの「第五交響曲」の改訂を行っていた、という事実は、重要である。結局は死によって終わる生に、一体何の意味があるのか、という、自らが第二交響曲、後には交響曲「大地の歌」などで対峙した虚無的問いかけに、マーラーは「第五交響曲」によって、「生には意味があるのだ」と決然と答えている、もしくはそのように信じようとしているのだ。そして、彼はその後の人生で、彼は自分の出発点を確認するかのように、「第五」に改訂という作業を通じて立ち戻ってきたのだった。最後の改訂は１９１１年であり、それは彼の死の年であり、丁度「交響曲第十番」を作曲していたときである。残念ながらこの「第十交響曲」は未完で残されているが、我々は、その遺稿の最終楽章の中に、第五番四楽章の引用を、あるいは残響を聞くことができるだろう。まるで、死は勝利を収めるだろうが、しかし、私の音楽の中で、君への愛は永遠に生き続けるのだ、と言わんばかりに。

死神が馬車を導くのは真実だ。だが、生もまた馬車を導くのである。

コンサートのための解説

マーラー
交響曲第六番イ短調「悲劇的」

- POST KOMABA ORCHESTRA
- SPRING CONCERT
- 2007年3月18日
- 杉並公会堂　大ホール

　オーストリア宮廷歌劇場の芸術監督であり、ウィーン・フィルハーモニー管弦楽団の黄金時代を生み出した大指揮者であるグスタフ・マーラーは、シーズン・オフである夏の休暇に、自らが本業と考えている作曲の仕事に専念するのが慣わしであった。

　交響曲第五番を完成した翌年の1903年夏、マーラーは例年通り保養地マイエルニヒに建てられたヴェルター湖畔の瀟洒な作曲小屋にこもり、時には短い夏を謳歌する壮大なアルプスの自然を眺めながら、そして時には結婚したばかりの若く美しく才能溢れる妻アルマと愛らしい長女マリアを眩しく眺めながら、新しい交響曲の作曲を進める。この作業は翌年の夏まで継続され、その頃にはマーラーの目を楽しませる天使がもう一人増えていることになる。次女アンナの誕生である。

　妻アルマの姿は第一楽章の光輝く主題として描かれ、二人の娘の微笑ましくもおぼつかない、かすかな不安さえ抱かせるよちよち歩きは第三楽章に姿を現すであろう。

　だが、幸福の最中にある作曲家が取り組んでいる第六番目の交響曲は、この世に生きる喜びと、世界が存在しているという奇跡を讃える敬虔な祈りとに満ちているわけではない。むしろ事態は逆であり、この世で生きようと決心した人間に降りかかってくるありとあらゆる災難と苦難が描かれ、その圧倒的な困難を克服した勝利の喜びのうちにフィナーレを迎えるのではなく、打ちのめされてばったり倒れてしまう、というプロットを持っているのである。

　幸福にある者が不幸を描き、不幸にある者が世にも美しい幻影を描き出すという芸術家の不思議は、ある程度は天才の不可解な精神活動に属するものかもしれないが、それでもある程度は、その人の性格、快晴にも嵐にも揺らぐことのない人生への確固たる態度、終生不変の眼差しから解明できるはずである。

　マーラーという人間を特徴づけるのは第一に、その出自と環境である。現在のチェコ（当時はオーストリア領ボヘミア）の村で生まれ、指揮者としてウィーン宮廷歌劇場の芸術監督にまで登りつめたユダヤ人である彼は、自らのことをこのように述懐している。「オーストリアにおいてはボヘミア人とみなされ、ドイツにおいてはオーストリア人とみなされ、そしてどこに行ってもユダヤ人とみなされる。私は世界のどこからも歓迎されないのだ」と。

グスタフ・マーラー

　20世紀初頭のユダヤ人を取り巻く環境は、現代からは想像を絶するほど過酷なものだった。物価が上昇するのは強欲なユダヤ人高利貸のせいに決まっているし、失業に対し政府が無策なのは、政府そのものがあらゆる権力の源泉である金を牛耳るユダヤ人に首根っこを押さえられているからだし、外国が領土を掠め取ろうとちょっかいを出してくるのは、敵に内通した卑劣なユダヤ人のせいだ、あれもこれもありとあらゆる悪いことはユダヤ人のせいだ、というわけである。

　こうした反ユダヤが表立って現れることはあまりなかったが、表へ出ない感情は人々の心の奥深くへ根を張り巡らし、ひとつの合図で突然荒れ狂い、噴出するのである。それが政治的にはドレフュス事件であり、後のナチスの台頭であった。

　マーラーの周りにもこのユダヤ人指揮者の成功を羨む人間は大勢おり、そうした嫉妬に燃えた陰険なモグラたちは隙あらば足元を掘り崩してやろうと穴倉から窺っていたのである。社会的な意味においても流謫のマーラーの人生は戦いそのものであった。

　さらに、マーラーの内部にも敵が

いる。幼いころから彼の周りをうろちょろ徘徊し、なんの前触れもなく友人や家族を奪っていく恐るべき敵。死である。死はどういう陰険な考えを持っているのか、一番失いたくないものに狙いを定めて、最も油断しているまさにその時に、手品のように愛する人々をマーラーの手から奪っていく。最も愛情を注いだ白痴の弟は幼くして病死し、同じく作曲家を志した弟オットー、そして才能溢れる友人のフーゴー・ヴォルフは自殺した。

　そうして育った人間がどうなるかは、心理学者の助けを得ずとも明らかである。彼は常に喪失の不安におびえ、何かを手に入れると、手に入れたそばから、もうそれを失うことを想い、不安に苦しむのである。蜜を収穫しながらもそれを味わうことを知らないのである。

　死に追い立てられた哀れな作曲家は、ひたすら死から逃走する。

　第一交響曲から第四交響曲までは、まさに死からの逃走であった。救いを最後の審判の到来や天国での楽しい生活という宗教的幻影に求めた。だが、それはもはや不可能である。一つには時代がそれを許さない。検視官ニーチェは神の死亡証明書を書き散らし、不安の時代に生きる大衆は第二第三のドレフュスを血祭りにあげようとあちこちを嗅ぎ回っている。もはやシューマンやシューベルトのような脆く儚く夢見がちな魂に居場所はなく、憧れと共に天国を幻視する時代ではないのだ。

　その一方で、マーラーの内面の変化もある。ある事件をきっかけに、マーラー自身が逃げることをやめ、現実に、つまり、やがて確実に訪れる死に、決然と対峙することを決めたのである。その事件こそ20歳近くも年下のアルマとの結婚であった。自分の生命よりも大切な生命をこの世に見つけたとき、初めてマーラーは、誰の身にも訪れる死を見据えようと決心する。あの世のものではなく、この世のものに愛を抱く以上、いずれはこの世の愛するものと別れなければならないことは明白だからである。

　喜びが激しければ激しいほど、ますます強くその歓喜の終焉を意識せずにはいられないのがマーラーという人間なのである。

　マーラーを特徴づける第二点は、彼が卓越したオペラ指揮者であったということである。正確に言えば、卓越したドラマ演出家であったにもかかわらず、オペラを作曲しなかったということである。声楽が嫌いと

いうわけではなく、むしろマーラーの本領は歌にあるといってもよいぐらいで、彼はオーケストラ伴奏付の巨大な歌曲集「子供の不思議な角笛」「リュッケルトによる五つの歌」「亡き子をしのぶ歌」などを作曲し、第八交響曲や「大地の歌」など自作の交響曲にも声楽を沢山取り入れているのだ。

歌曲とオペラとの距離は、抽象と具象との距離でもある。オペラでは特定の状況にある特定の個人、例えば、愛する娘を永久に炎の山の中に閉じ込めざるをえない神ヴォータンの嘆きが歌われるが、歌曲においては、我が子を亡くした親の普遍的な嘆きが歌われる、「こんな嵐の日には子供たちを外に出したりはしなかったものだ、病気になるのを心配して。だが今では心配することすらできない」というように。

マーラーという精神は常に具体的な物の背後に抽象性を見出さずにはいられないのである。英雄ジークフリートの後ろに「英雄性」を見出し、愛の歓喜のうちに死ぬトリスタンとイゾルデの後ろに「愛の死という普遍的な概念」を見出す。そしてマーラーは、特定の個人、ドン・ジョバンニやフィガロが話し歌い、飛んだり跳ねたり動き回ったりした挙句、とどのつまりは死んで消える一場の具体的な舞台を作るのではなく、英雄性や愛の歓喜、過酷な運命といった抽象的概念が話し歌い、殴りあう架空のオペラ、概念のオペラを作り上げる。歌詞のない歌、歌声のない歌劇、それがマーラーの交響曲というものなのだ。

交響曲第六番の長大な第四楽章で我々が聴くのは、まさに概念のオペラである。理念の闘争であり、人生という舞台の登場人物、すなわち愛、困難、平安、笑い、卑劣、悲嘆、といった諸概念が動き回り、そして最後に、死が登場して幕を引くのである。

二つの象徴的な楽器について説明を加えておこう。ひとつは一、二、四楽章で用いられるカウベルであり、もうひとつは第四楽章でのみ三度用いられる巨大なハンマーである。

カウベルというのはアルプス地方で放牧牛の首につけておいて、牛がどこにいるのか分かるようにするための、いわば猫鈴のオバケである。カランコロンと実にのどかな音を出す。このカウベル一つで短い夏を謳歌するアルプス、大地の濃緑と雲の純白、青絹のような空とそれを写す穏やかな湖水とが鮮やかにコントラストをなす牧歌郷を髣髴とさせるの

である。

ただし、マーラー自身も注意を促しているように、カウベルは自然描写のために用いられているのではない。具体的な自然そのものではなく、抽象的な自然性、あるいは人間の力を遥かに超えた自然の摂理を象徴するものとして理解すべきである。カウベルは人間的な世界を超えた世界の存在を告げ知らせる役割を持っていると言ってもいい。

ハンマーは、第四楽章の主役でもある。これは普通のオーケストラには常備されていない道具であり、マーラーがこの曲のために特に発明した楽器である。第四楽章ではいよいよ英雄が死ぬのであるが、「英雄は三度の打撃を受け、三度目の打撃により、木が倒れるように倒れる」というのがマーラーの最初の説明であり、その打撃を聴覚的にも視覚的にも伝えるのがハンマーである。

しかし彼は後に三回目の打撃を削除しており、伝説的なエピソードによると、「後に彼の身に降りかかった災難、つまり娘の死、心臓発作、という二つの打撃から、この第六番を不吉な予言的な曲として恐れ、三回目の打撃を削除した」とあるが、マーラー自身による直接の説明は残っていないので真の削除意図は不明である。

今回の演奏会では、三つの打撃のうち、第一打と第二打がそれぞれ展開部の始まりと終わりに位置し、第三打撃が全曲の終わりを告知する位置にあるという、この長大な第四楽章把握の便宜を図り、ハンマーは三回振り下ろされる。

第一楽章　アレグロ・エネルジーコ・マ・ノン・トロッポ（約25分）

低弦の逞しい戦闘的なリズムと共に、決然とした第一主題が展開される。次に、木管を中心に不思議な宇宙的な広がりを持つ音空間が形成され、そして突如彗星のように、天へと駆け抜ける喜びに満ちた第二主題が現れる。これこそ愛する妻アルマの主題である。この構造、つまり、激しい戦闘が星辰の運行を思わせる静謐の音楽に中断され、そこから愛の主題が生れ出る、という構造こそ、第一楽章のみならずこの交響曲すべてを貫く根本理念である。

この基本理念を聴衆にしっかりと把握させるために、マーラーは珍しく、古典的な反復記号を書き込む。二回同じ構造を聴かせれば、これからこの三つの構造が拡大され敷衍されてゆくのだ、という心構えもできようというものだ。

反復による二回目の愛のテーマが終わると、いよいよ展開部へと突入する。ここでは、戦いは激しさを増し、悲壮感さえ加わってくる。だが、その戦いの最中に突然、あの宇宙的な荘厳さを持つ音空間がはっきりと姿を現す。遠くからカウベルが聞こえる。曇天の分厚い雲の隙間から光が差し、遥かな空の青みを、そして悠久の変わることのない大自然の営みを思わせる音楽は、我々人間の卑小さと儚さを想起させる。そしてこの星辰の運行にも似た雄大な音楽を経ると、音楽は勇猛さと明確さを取り戻す。英雄は再び力を得て、果敢にも困難へと突き進んでいくのである。確かに戦いは高らかなる愛の勝利の凱歌によって華々しく終結する。

妻アルマ

第二楽章　アンダンテ・モデラート
（約15分）

ここで我々の主人公は暫しの憩いを得る。弦楽と木管が織り成す柔らかな主題で始まり、牧歌郷に安らうがごとき平安が現れる。しかし、いかなる平安の中にも死は潜んでいる。オーボエが憂愁に溢れた旋律を奏でると、オーケストラはやがて悲嘆と悲哀へと沈んでいく。悠久の大自然を前にして、やがて死すべき身であることの不安と悲哀とが胸に迫ってくるのである。

だが、もはやマーラーは以前のように、死の前で取り乱したり我を忘れて悲嘆にくれたりはしない。父親となった彼は今や、受け継がれてゆく生命、死のように輝かしい生命があることを知っているからである。生れては死に、死んでは生れ、飽くことなく生々流転する自然の摂理は、荘厳な歓喜をもって迫ってくるのである。

この楽章はしばしばマーラーの最も美しい緩徐楽章として挙げられる。その美しさはただ単に旋律と和声操作によって到達された美というよりも、この世で生きることの人間的な悲嘆と苦悩が、宇宙的な平安へと昇華されるときに生じる天体の音楽の美なのである。

だが、これで悲しみは終わりではない。優れた劇作家が知るように、真に劇的瞬間が訪れるためにはその先触れとでもいうべき小さな事件が起きていなければならない。

例えばシェークスピアは二人の恋

人を描いた不滅の戯曲の中で、ロミオにいきなりジュリエットに恋させるのではなく、ロザリンデとかいうあばずれ女に恋をさせておいて、その心を愛への渇望で掻き立てておく。

　同様に、先ほど訪れた不安から喚起への転換は、真の感動の先触れに過ぎない。今一度、深い悲しみが作曲家の心に襲いかかる。その苦悩の深さは計り知れない。まさにそのとき、あのカウベルが響いてくる。世界の悲しみは深い。だが、喜びはさらに深い。いまや、苦悩の深みはそのまま歓喜の深みへと転化する。やがて音楽は慰撫するように静まり、まどろみのうちに静かに終わる。

第三楽章　スケルツォ（約15分）

　ティンパニによる激しい三拍子が我々を一気にまどろみから、現実の戦いへと引き戻す。実際、この音型は第一楽章の冒頭に似ており、まだまだ戦いが終わっていないことを思い起こさせる。この楽章はいわば幕間狂言のような役割と、そして最終楽章の悲劇を予告する役割とを持っている。

　戦いは相変わらず激しいものではあるが、その合間に微笑ましい光景が挿入される。戦いに明け暮れているとはいえ、まだ苦悩や悲しみを知らない無垢な幼児がおぼつかない足取りでこの世を歩き始めるのを見て心安らぐこともあろう。

　この楽章は、戦闘的な主題（Ａ）、微笑ましくも不安定な主題（Ｂ）、クラリネットが奏する諧謔的な主題（Ｃ）の三部から構成されているロンド形式で、ＡＢＣＡＢＣ、そしてＢにもとづくコーダという体裁をとっている。このコーダ部分では、音楽は段々と崩壊を始め、静かに、不吉に、力尽きるように終わる。

第四楽章　フィナーレ（約30分）

　冒頭に現れるのが「悲劇の主題」とでも言うべき旋律で、これは後でもう二回聴くことになるだろう。

　五分ほどの重苦しい序奏部分では、これから始まる主部の様々な主題、要素が断片的に現れては消える。丁度、歌劇における序曲のようにこれから始まるドラマを予告しているのだが、さながら明け方に見る不吉な予知夢のようなものである。一旦盛大に盛り上がった後、段々と英雄を示す管楽器のコラールが姿を現し、いよいよ我々の英雄は目覚め、現実と戦いを始める。

　低弦の行進曲風リズムから始まるのが主部である。悲劇が始まる。主人公は最後の戦いに出かけるのである。

激しい戦闘の合間には明るい旋律も見え隠れし、悲劇の主題の変形も姿を現すが、だがそうした争いを超越してカウベルに導かれてあの宇宙的空間が今一度現出する、すると音楽が幸福感に満ちて前進し、英雄的な音楽が勝利の予感を漲らせて昂揚してゆく、そのとき、第一撃目のハンマーが振り下ろされる。

　だが、ここで我々の英雄はひるんだり怖気づいたりはしない。苦難に出会って初めて人は自分が本当に何者であるかを身にしみて感じる。英雄はまさに自らが英雄であること、困難と苦悩とを一身に引き受けて孤独に突き進まなければならない存在であることを知る。音楽は戦い続け、行進は力強く進み、再び勝利がすぐそこまで近づいてくる、音楽は頂点へと邁進する、その時に第二撃目の運命のハンマーが振り下ろされるのだ。

　無論、英雄はこの打撃を耐え忍ぶ。だがここで二回目の「悲劇の主題」が現れ、我々の主人公に加えられた打撃の深刻さを暗示する。この楽章の冒頭の、あの悪夢と同じ構造が再現される。しかし次に、あのカウベルが響き、主人公はしばらくの、そして最後の休息を与えられる。

　この休息では「アルマの主題」が変形して引用され、まるで愛の記憶の中に束の間の安らぎを見出すかのようである。オーボエと独奏ヴァイオリンと独奏チェロとが睦まじく愛の挨拶を交わす。ここでは英雄は愛するものとの交歓から再び過酷な現実と対峙する力を得る。そして彼は辿るのだ、二度と戻ることのない道を。

　熾烈でありながらも、音楽は喜びと勝利感に満ちて盛り上がる、何しろ、愛ほど力強い、抗し難い力がこの世にあるだろうか。愛は死さえ欺くのではないか?

　愛の勝利を宣言するファンファーレが最高潮に達したとき、三度目の、そして最後の「悲劇的主題」が姿を現す。そして三度目のハンマーが静かに振り下ろされる。

　我々が戦い取っ組み合ってきた敵は実は仮象にすぎず、真の恐るべき相手は、いつも背後から静かに忍び寄るのである。そしてその手が優しく触れたときにはすべては手遅れなのだ。争いごとの永遠の仲介者、平安をもたらすもの、死の冷たい手が触れてしまったときには。

　音楽はもはや息を吹き返すこともなく、苦悶の呻きのうちに静まり、そしてこの世に残された人々に葬送を告げる最強奏の後、文字通り死の静寂のうちにこの膨大な全曲を終わる。

泰西音楽逍遥

2015年2月25日　第1刷発行
著　者　尾崎秀英
発行者　南丘喜八郎
発行所　K&Kプレス
〒102―0093
東京都千代田区平河町2―13―1
相原ビル5階
TEL　03（5211）0096
FAX　03（5211）0097
印刷・製本　中央精版印刷

ISBN978-4-906674-65-7

Trio for Three Violins (P5)

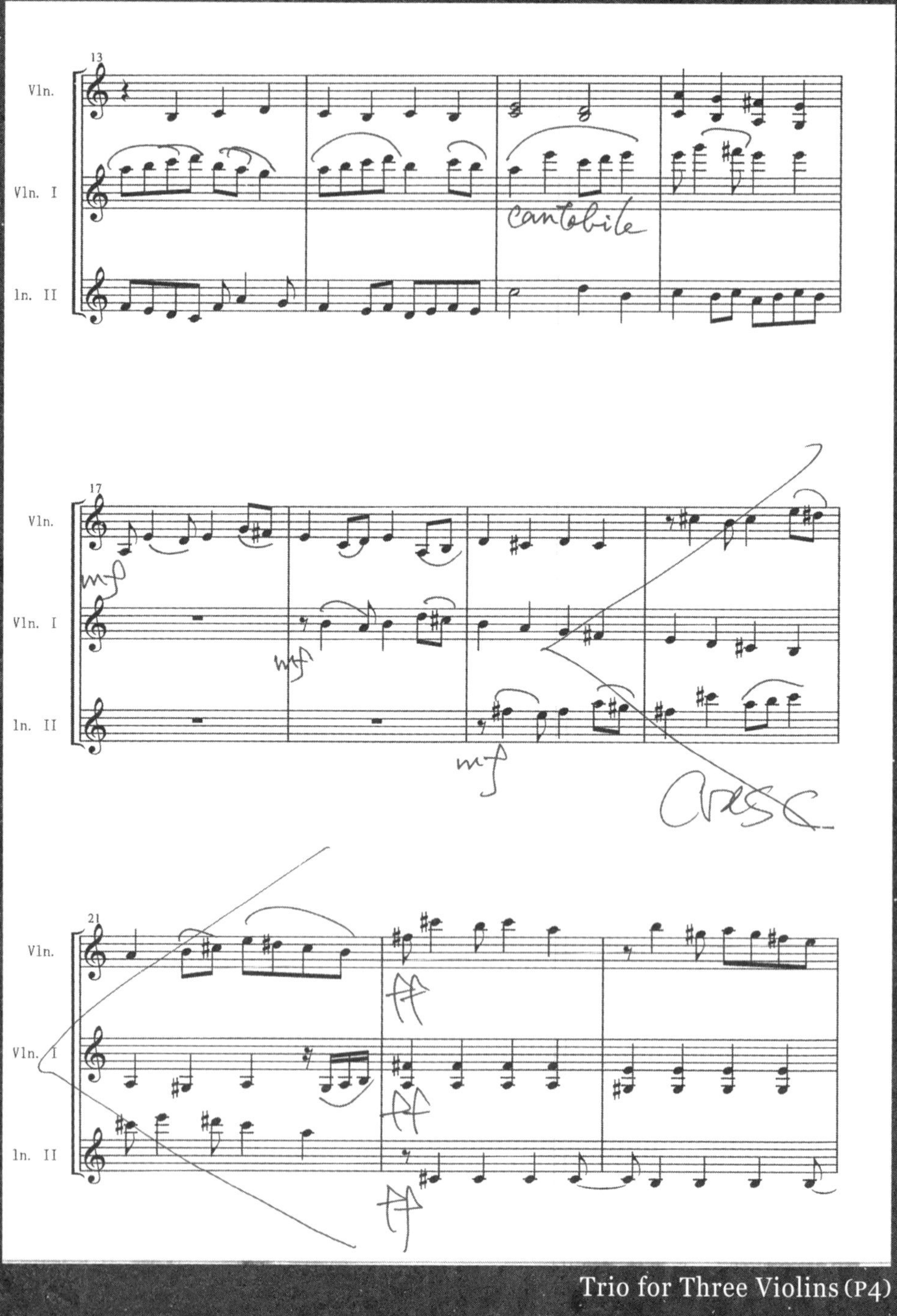
13
Vln.
Vln. I
ln. II
cantabile
17
mf
21
ff

Trio for Three Violins 2

Vladimir Stroganov

Trio for Three Violins (P3)

14
Vln.
Vln. I
ln. II
17
Vln.
Vln. I
ln. II
pp
pp
pp

Trio for Three Violins 1

Vladimir Stroganov

Trio for Three Violins (P1)

Trio for Three Violins

composed by **Vladimir Stroganov**

『月刊日本』の稲刈りで演奏する尾崎秀英（水戸郊外の城里にて）

Shuei Ozaki = Vladimir Stroganov